Knigge
kompakt

D1843994

Knigge
kompakt

Weltbild

Inhalt

Stets gut gekleidet ... 6

Zu jeder Gelegenheit ... 7
Eingeladen ... 11
Die Kleidung im Beruf ... 16

Kontakte pflegen ... 20

Schwarz auf Weiß ... 20
Mehr als nur eine Stimme ... 25
Rasche Kommunikation ... 33
Die Hohe Schule der Konversation ... 37
Small Talk ... 41

Tischmanieren ... 48

Wohin mit der Serviette? ... 48
Besteck handhaben wie ein Profi ... 51
Tanz der Teller und Gläser ... 57
Altbekanntes zur Erinnerung ... 60
Spezialitäten-ABC ... 62

Eine Einladung zum Fest 88

Das Essen zu Hause 88
Den Tisch vorbereiten 93
Umgang mit den Gästen 98
Die Einladung ins Restaurant 101

Karriere-Knigge 110

Tipps für Berufseinsteiger 111
Vom Umgang miteinander 116
Kompetent verhandeln 123

Auf Reisen 126

Gut vorbereitet 126
Sehr gefragt im Ausland: Höflichkeit 132
Verhalten im Hotel 140

Über dieses Buch 142
Register 143

Stets gut gekleidet

Die meisten Menschen, die einen Fremdem einschätzen wollen, begutachten zunächst seine Kleidung. In Sekundenbruchteilen erkennen sie, ob ein Gegenüber passend oder unpassend angezogen ist und sich in den Kleidern wohlfühlt. Auch die Details sind voller Hinweise, und wir alle können auf den ersten Blick feines Tuch von ausgewaschenen Sweatshirts unterscheiden sowie edle und geschmackvolle Accessoires erkennen.

Überlegen Sie, was zu welchem Anlass passt und welche Menschen Sie dort treffen.

So oberflächlich und fragwürdig es manchmal sein mag, einen Menschen so zu beurteilen – die Kleidung hilft, sich rasch ein erstes Bild davon zu machen, wie gepflegt ein Mensch auftritt. Daraus lassen sich vor allem Rückschlüsse auf seine Bereitschaft ziehen, sich den gesellschaftlichen Regeln anzupassen.

Zu jeder Gelegenheit

Natürlich hat jede Gesellschaftsschicht und jede Gruppe ihre eigenen Kleidungsnormen, und schon deshalb müssen Sie den folgenden Kleidungsregeln nicht in allen Punkten folgen. Dazu kommt, dass die Mode und damit das, was man tragen kann, sehr individuell geworden ist.
Dennoch: Gerade im Bereich der Kleidung hat sich eine gewisse Etikette entwickelt, die jenseits kurzlebiger Trends auch international eine gewisse Gültigkeit besitzt.

Das 1 x 1 korrekter Kleidung

Einige Grunderwartungen werden in puncto Kleidung automatisch an Erwachsene gestellt – im privaten wie im öffentlichen Bereich.

- Kleidung muss vollständig und sauber sein.
- Flecken auf der Kleidung, abgerissene Knöpfe, ungebügelte Blusen oder Hemden, zerfetzte Säume usw. wirken schlampig, desinteressiert und rundum ungepflegt.

❖ Wenn Sie wissen, welcher Typ Sie sind, sollten Sie Ihre Erscheinung durch entsprechende Stoffe, Farben, Stil und Schnitt zur Geltung bringen: sportlich, klassisch, elegant, unkonventionell ...

❖ Heikel, aber für Ihr Ansehen wichtig: Ihre Kleidung sollte Ihrem Alter und Ihrer Figur entsprechen.

❖ Wichtig sind die Accessoires – vor allem die Schuhe müssen zur Kleidung passen und sollten geputzt sein.

So machen Männer Eindruck

Abgesehen von der Freude, die es bereitet, im Lauf des Lebens seinen eigenen Kleidungsstil zwischen Rebellion und Establishment zu finden, gibt es untrügliche Zeichen von gutem Stil, die Sie sich zu eigen machen sollten.

❖ Strümpfe müssen entweder zur Hose oder zum Schuh perfekt passen – am besten natürlich zu beidem. Nie zu kurze Socken, nie helle Strümpfe oder Strümpfe mit Applikationen. Außer auf dem Tennisplatz: NIE dicke weiße Frotteesocken!

- Achten Sie auf Ihren Kragen und die Manschetten: immer gebügelt und immer sauber. Hochgestellter Kragen signalisiert Aktivität. Verknitterter Kragen signalisiert Nachlässigkeit.
- Beim Jackett mit drei Knöpfen ist es korrekt, nur den mittleren Knopf zu schließen.
- Einen doppelreihigen Anzug schließen Sie vollständig. Halten Sie die Knöpfe stets geschlossen – selbst bei längerem Sitzen (beim Kauf auf Weite achten!).
- Der oberste Hemdenknopf bleibt geschlossen.

Korrekte Kleidung können Sie durch eine gepflegte Erscheinung noch unterstreichen.

❖ Eigentlich gehört zu einem Anzug eine Krawatte. Modisch kann zum Anzug ein oben offenes Hemd mit Tuch wirken. Auch ein bis oben geschlossenes Hemd ohne Krawatte oder sogar ein T-Shirt kann im privaten Rahmen gut aussehen. Solche Variationen sind im geschäftlichen oder offiziellen Bereich aber tabu! Entwickeln Sie als Mann ein Gespür für Krawatten, die zu Ihnen und zu Ihrer Garderobe passen. Nie Krawatten auf blauen oder schwarzen Hemden tragen!

Kaufen Sie Krawatten gleich mit dem Hemd – dann sind Sie auf der sicheren Seite.

❖ Männer können heute selbstverständlich dezenten Schmuck tragen: Mit Ringen am Finger, einem Halskettchen (mit oder ohne Anhänger) oder mit einem Brillanten im Ohr machen Sie nichts falsch.

❖ Bei offiziellen Anlässen lassen Sie Ihr Jackett an, bis der Gastgeber seine Jacke auszieht und damit die anwesenden Herren ermuntert, es ihm gleichzutun. Nur im privaten Rahmen können Sie

Zu Partys und kleineren Festen von guten Freunden können Sie natürlich in normaler Freizeitkleidung erscheinen.

an warmen Tagen das Jackett natürlich ausziehen. (Denken Sie besonders im Sommer an ein gutes Eau de Toilette!)

Eingeladen

Je aktiver Sie gesellschaftlich sind, desto mehr Gelegenheiten werden Sie haben, auf dem begehrten Parkett zu erscheinen. Sind Sie eingela-

Natürlich ist das Outfit wichtig, aber noch wichtiger ist Ihr Benehmen. Aufmerksamkeit und gute Laune kommen immer an.

den, so werden Sie einen Hinweis auf den Rahmen erhalten, in dem das Ereignis stattfinden wird, und einen Hinweis auf die Kleidung der Festgesellschaft.

Den Dresscode lesen

- Dunkler Anzug: Der Herr trägt einen Anzug in Anthrazit oder Schwarz, dazu ein passendes Hemd mit Manschetten und Krawatte. Die Damen erscheinen in kurzen eleganten Kleidern (das kleine Schwarze!) oder – wenn die Gelegenheit passt – im Cocktailkleid.
- Black Tie, Cravate noire oder (kleiner) Gesellschaftsanzug: Zum Empfang nach 18.00 Uhr, zum Hochzeitsdiner abends, für die elegante Einladung ab 18.00 Uhr, einen Opernbesuch und zum Ball trägt der Herr einen Smoking (schwarz oder blau). Das heißt: Jacke mit abgesetztem Revers, Hose mit Satinstreifen auf der Außennaht, Smokinghemd (Kläppchenkragen, verdeckte Knopfleiste, Doppelmanschette, Manschettenknöpfe), schwarze Kniestrümpfe, schlichte schwarze Schuhe und

ein weißes Stofftaschentuch. Dazu Kummerbund und eine schwarze Fliege, die nicht über die Ecken des Kragens hinausragt! Die Damen tragen elegante Abendkleidung (lang) und Schmuck.

- Frack oder White Tie: Zum großen Ball, zum offiziellen Staatsempfang ebenso wie zur Gala-Opern-Premiere, zu einem Bankett oder nach 18.00 Uhr auf Hochzeitsfeierlichkeiten mit dem Hinweis »White Tie« trägt der Herr den großen Gesellschaftsanzug, also schwarzen einreihigen Frack (offen!), Hose mit doppeltem Satinstreifen, Frackweste, Frackhemd, Seidenkniestrümpfe, Lackschuhe und eine weiße Fliege. (Schwarze Fliege zum Frack ist dem Kellner vorbehalten!) Die Damen tragen Roben (lang) und großen Schmuck.

Kein Hinweis vorhanden?

Ist bei einer offiziellen Einladung kein Kleidungswunsch vermerkt, schadet es Ihrem Ansehen in keiner Weise, bei den Gastgebern anzurufen. Erkundigen Sie sich nach dem Rahmen des Festes und der passenden Kleidung. Dies ist insbesondere dann anzuraten, wenn Sie in einem Kreis zum ersten Mal eingeladen sind. Niemand kann von Ihnen verlangen, die ungeschriebenen Regeln einer eingeschworenen Gemeinschaft zu erahnen.

Übrigens: Auf Hochzeiten sollte kein Gast eleganter und auffälliger gekleidet sein als Braut oder Bräutigam.

❖ Tipp: Unter Freunden ist es eher peinlich, overdressed zu sein. Sauberkeit und Schick sind aber ein Muss – und Jeans mit Rissen oder Flecken absolut »out«.

Die Brautmode folgt ihren eigenen Regeln, für Gäste gilt dagegen auch heutzutage die klassische Etikette.

Die Kleidung im Beruf

Woran kann man Chef und Auszubildenden auf einen Blick unterscheiden? Sagen Sie jetzt nicht: »An Alter und Ausstrahlung!« Nein, im Beruf setzen Kleidung und die Fähigkeit, sie richtig zu tragen, die wesentlichen Signale.

Für ihn – der »business suit«

Unter einem korrekten »business suit« stellt man sich fast auf der ganzen Welt das gleiche Outfit vor. Herren tragen einen gedeckten Anzug, der nicht zu modisch geschnitten sein sollte. Denn der Stil eines »business suit« ändert sich, unbeeindruckt von der Mode, im Laufe der Jahre nur in kleinen Details.

- Edel und repräsentativ sind die beiden Farben Dunkelgrau und Dunkelblau für den Anzug.
- Ein weißes oder hellblaues Oberhemd mit Kragen und Manschetten ist ein »Muss«.
- Eine Krawatte mit unauffälligem Muster rundet die perfekte Erscheinung ab.

❖ Für manche Männer gehört das Einstecktuch, passend zur Krawatte, zum korrekten Äußeren.

Links sind Schuhe und Socken korrekt. Rechts zeigt sich der Herr nicht von seiner besten Seite.

❖ Die langen Socken sollten in einer dunklen Farbe ohne Muster gehalten sein und natürlich zur Farbe des Anzugs passen.

❖ Auch die Schuhe müssen zum Anzug passen – sie sind in der Regel von schwarzer Farbe und auf Hochglanz poliert!

❖ Grundsätzlich: Kleidung wirkt umso vornehmer, je dezenter die Farben gewählt sind. Die besten Grundtöne sind Grau und Dunkelblau.

Für sie – funktional und kompetent

Es hat sich erwiesen, dass im Beruf die meisten Männer sehr gut mit Frauen klarkommen, die im besten Sinn natürlich sind: Im Arbeitsumfeld ist der Typ Frau gefragt, mit dem man »Pferde stehlen kann«. Zeigen Sie Ihre Fähigkeit zur Kooperation auf gleicher Ebene auch durch die Wahl Ihrer Kleidung. Funktionale Kleidung hilft Ihnen, akzeptiert zu werden. Das heißt, hemdartige Blusen (einfarbig oder mit feinen Streifen) und schnörkellose Röcke und Hosen sind immer richtig.

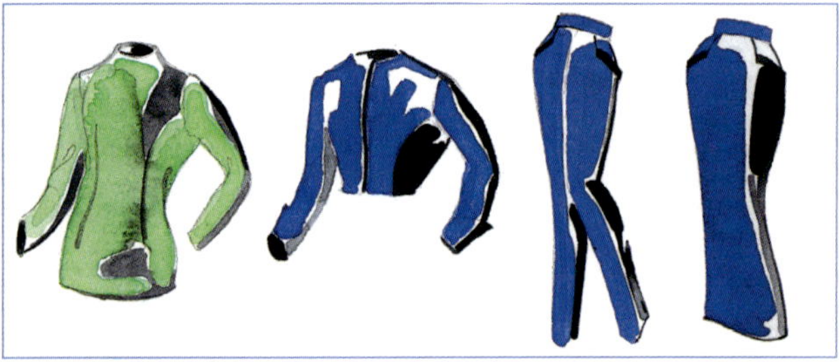

Am besten kombinieren Sie diese Teile Ihrer Grundgarderobe mit einer neutralen, hemdartigen Bluse.

Der »lockere Freitag«

In einigen großen Firmen hat sich eine amerikanische Sitte eingebürgert. Am »casual Friday« erscheinen Chef und Mitarbeiter in legerer Freizeitkleidung im Büro. Wenn Sie dieses Spiel mitmachen, denken Sie bitte daran, nicht in bequemer Hauskleidung zu erscheinen! Damit disqualifiziert man sich. Tragen Sie Blazer und Jeans oder Polohemd und Lederjacke. Vorsicht ist geboten: Mit der legeren Kleidung hält nicht automatisch auch ein kumpelhafter Ton Einzug ins Büro.

Wer schlichte, edle und unauffällige Kleidung trägt, macht auf andere einen ruhigen und souveränen Eindruck.

Kontakte pflegen

In den letzten zehn Jahren hat sich die Welt der Kommunikation drastisch verändert. Es konnten sich Kommunikationsmittel im mündlichen und schriftlichen Bereich schnell durchsetzen, an die man noch wenige Jahre vorher nicht einmal gedacht hatte. Sie haben den Anteil des klassischen Briefs, der mit der Post verschickt wird, stark eingeschränkt. Eine E-Mail ermöglicht einen gänzlich anderen Stil als ein handgeschriebener Brief. Dennoch ist eins geblieben: Die private Kommunikation wird immer deutlich persönlicher sein als die geschäftliche.

Schwarz auf Weiß

Für repräsentative Post und zu wichtigen Gelegenheiten nutzen Sie weiterhin am besten den Brief, weil jeder Mensch einem Brief einen besonderen Stellenwert beimisst. Unterschätzen Sie auch den juristischen Aspekt nicht: Ein Brief kommt als Original zum Empfänger, und geleistete Unterschriften sind rechtsverbindlich.

So ist der Briefkopf korrekt. Darunter steht links mit etwa zwei Zeilen Abstand die Anschrift des Adressaten.

Der Geschäftsbrief

Einen Geschäftsbrief zu verfassen, ist eine kleine Wissenschaft für sich. Denn einerseits soll er klar und nüchtern Namen, Zahlen, Daten und Fakten vermitteln – andererseits wollen Sie den Empfänger vielleicht persönlich für sich oder für ein wichtiges Vorhaben gewinnen ...

- Sie setzen zwar den Betreff wie bisher über die Anrede, lassen aber das einleitende Wort »Betreff:« fort.
- Wenn Sie ein Unternehmen, eine Institution oder eine Behörde anschreiben und den persönlichen Ansprechpartner nicht kennen, dann schreiben Sie als Anrede »Sehr geehrte Damen und Herren,« mit einem Komma statt eines Ausrufezeichens.
- Bemühen Sie sich um einen guten, sachlichen und verständlichen Schreibstil. Vermeiden Sie die althergebrachten kaufmännischen Worthülsen.
- Schreiben Sie der Wahrheit gemäß nicht »Wir würden uns freuen, ...« sondern »Wir freuen uns auf Ihre Reaktion«.
- Der Gruß am Endes des Briefs heißt nicht mehr »Hochachtungsvoll« oder »Mit vorzüglicher Hochachtung«, sondern »Mit freundlichen Grüßen«, bei besser bekannten Geschäftspartnern kann auch »Mit besten Grüßen« Anwendung finden.
- Abkürzungen, wie »mfg« für »Mit freundlichen Grüßen«, sind seit dem Ende des Fernschreiber-

Zeitalters nicht mehr gebräuchlich, außer in der Anschrift für »zu Händen« als »z. Hd.« oder beim Titel, wie z. B. »Prof.« oder »Dr.«.

❖ Schreiben Sie Briefe auf dem Computer immer linksbündig, denn Blocksatz ist schwerer zu lesen.

Der private Brief

Den ersten Eindruck von Ihnen vermittelt schon der Umschlag des Briefes, deshalb sollten Sie sich um gut lesbare Schrift und gute Platzeinteilung bemühen: Nicht zu weit nach rechts oben schreiben – dort muss noch die Briefmarke hin. Wenn Sie sich bei der Anschrift verschrieben haben – nicht ausbessern, einfach einen neuen Umschlag nehmen.

Bei (kürzeren) handschriftlichen Briefen, Glückwunsch- und Kondolenzkarten hat es sich bewährt, den Text vorzuformulieren und ihn anschließend in Reinschrift zu bringen.

❖ Sehr positiv fällt es auf, wenn Sie auf Kleinigkeiten Wert legen wie gute Papierqualität oder farblich harmonierende Umschläge und Briefbogen.

✣ Briefe an Unternehmen, Institutionen oder Behörden wirken mit der Schreibmaschine bzw. mit dem Computer geschrieben eindrucksvoller; private Briefe an Verwandte und Freunde können Sie von Hand schreiben – aber es gibt kein »Muss«.
✣ Ein privater Brief an Fremde sieht professioneller aus, wenn Sie die geschäftlich übliche Briefform anwenden. Schreiben Sie Ihren Absender links im oberen Drittel des Blattes als Block an den Rand. Das Datum setzen Sie rechts außen auf die Höhe Ihres Namens.

Auch bei einem Brief gilt nur die handgeschriebene Unterschrift auf einem Original als juristisch verbindlich.

Mehr als nur eine Stimme

Das Telefon ist heute ein so selbstverständlicher Bestandteil unseres Lebens, dass es oft kaum mehr auffällt, wie viele Unsitten sich seit seiner Verbreitung eingeschlichen haben.

Über das private Telefonieren

Lassen Sie sich nicht vom Telefon terrorisieren: Niemand hat ein Anrecht darauf, dass Sie immer ans Telefon gehen! Vor 8.00 Uhr, nach 22.00 Uhr und zwischen 12.00 und 15.00 müssen Anrufer damit rechnen, dass Sie nicht ans Telefon gehen – auch wenn Sie zu Hause sind!

- Zwischen 18.00 und 20.00 Uhr wird in vielen Familien zu Abend gegessen, wobei Anrufer in der Regel nicht stören sollten.
- Melden Sie sich immer mit Ihrem Namen und einer passenden Begrüßung.
- Am Telefon ist es besonders wichtig, nicht dazwischenzureden, weil das Gespräch ins Stocken kommen könnte.

- Ist der gewünschte Gesprächspartner nicht direkt am Apparat, so sollten Sie sich kurz für die Störung entschuldigen und fragen, ob man ihn sprechen kann.
- Haben Sie sich verwählt, so sollten Sie sich mit ein paar netten Worten für die Störung entschuldigen.
- Werden Sie angerufen und der Anruf ist gerade unpassend, dann bieten sie einen späteren Rückruf an.
- Ein sinnvolles Mittel, zu Hause störenden Telefonanrufen zu entgehen, ist die Zuschaltung eines Anrufbeantworters. Da es die Höflichkeit gebietet, auf eine hinterlassene Nachricht auch zu reagieren, verzichten viele Menschen jedoch auch auf einen Anrufbeantworter.

Das berufliche Telefonieren

Beim Telefon ist es wichtig, dass aus der Stimme Freundlichkeit zu hören ist und dass der sachliche Inhalt höflich und klar vorgebracht wird. Melden Sie sich korrekt. Wenn es in der Firma nicht anders üblich ist, so nennen Sie zunächst das Unternehmen, dann Ihren Namen. Entscheiden Sie selbst, ob die abschließende Floskel »Was darf ich für Sie tun?« Ihnen ganz natürlich über die Lippen kommt. Wenn nicht, lassen Sie sie lieber weg.

- Vermitteln Sie den Eindruck, als wenn der eben ankommende Anruf der erste am Tag wäre und sie nur auf ihn gewartet hätten.
- Der Kundenbindung dient es, wenn Sie einen Anrufer, dessen Anliegen den Arbeitsbereich eines Kollegen betrifft, intern durchstellen und ihn nicht – versehen mit einer anderen Durchwahlnummer – noch einmal neu anrufen lassen.
- Gewöhnen Sie sich an, kurz und ergebnisorientiert zu telefonieren: Das wirkt NICHT unhöflich! Ihr Gegenüber ist Ihnen dankbar dafür, denn auch seine Zeit ist knapp.
- Ein vereinbartes Zeitlimit hilft Ihnen bei Telefonaten mit Kunden oder Mitarbeitern, mit denen Sie ein persönliches Verhältnis pflegen, die richtige Balance zwischen Konzentration aufs Geschäftliche und privatem Gespräch zu finden.

Checkliste: Telefonieren im Beruf

Wenn Sie anrufen, dann überlegen Sie vor dem Telefonat genau, was Sie erreichen wollen. Schreiben Sie sofort nach dem Telefonat eine Notiz, in der Sie alles Wesentliche festhalten:

- Mit wem haben Sie gesprochen? Vorname, Name, Titel und Entscheidungsbefugnis in der Firma.
- Was wurde vereinbart? Alle Termine, alle Aufgaben.
- Legen Sie für Kunden zusätzlich schriftlich oder digital eine Karte an, auf der Sie Eigenheiten und Persönliches über den Kunden notieren. Holen Sie diese Karte vor wichtigen Telefonaten heraus: So haben Sie den Gesprächspartner besser vor Augen.
- Merken Sie sich die Namen der Mitarbeiter an der Rezeption oder im Vorzimmer, die Sie weiterverbinden. Sie werden erstaunt sein, was es für die Ergebnisse Ihrer Gespräche bedeutet, wenn man Sie freundlich weiterleitet.
- Übrigens bereiten sich Telefonprofis mit schriftlichen Notizen auf ein Gespräch vor – besonders, wenn es um Geld und Termine geht.

Nicht ohne mein Handy

Das Handy kann in Notfällen lebensrettend und im Berufsleben, wenn es um schnelle Informationsübermittlung geht, entscheidend für den Erfolg sein. Das sind beeindruckende Vorteile. Dem stehen aber eine ganze Reihe von Nachteilen gegenüber, die allesamt durch die unsensible Nutzung des Handys verursacht werden.

- Wenn Sie Ihr Handy überallhin mitnehmen, dann stellen Sie es dort, wo das Signal störend wirken könnte, entweder auf die Stumm- oder Vibrierfunktion ein – oder stellen Sie es ganz ab. Auch die Aktivierung der Anrufbeantworterfunktion, die in diesem Fall auf »sofort« eingestellt sein muss, schützt vor Störungen.
- Wollen Sie von einem Restaurant aus anrufen, dann tun Sie das bitte nicht am Tisch. Gehen Sie in einen anderen Raum, in den Eingangsbereich oder auf die Straße.
- Das Handy-Rufzeichen hat im Restaurant zwar keine so katastrophale Wirkung wie im Theater oder Konzertsaal, trotzdem stört es die Gäste, die

das Essen genießen und sich angenehm unterhalten wollen. Sollten Sie in einer romantischen Atmosphäre zu zweit essen, dann lassen Sie sich die Stimmung nicht durch Ihr Handy verderben!

- Wenn es doch einmal unpassend klingeln sollte, müssen Sie das Handy schnell zum Schweigen bringen, indem Sie es am besten abschalten. Sie sollten nicht mit dem klingelnden Handy in der Hand durch die Räumlichkeiten eilen, weil Sie dadurch nur noch mehr stören.
- Ein Handy, das während einer Theatervorstellung oder im Konzertsaal klingelt, ist die Peinlichkeit schlechthin.
- In öffentlichen Verkehrsmitteln (in Bus, Straßenbahn, U-Bahn, Flugzeug – nicht aber in den Waggons eines Zuges) ist das Telefonieren mit Handy verboten, weil nicht ausgeschlossen werden kann, dass die Funkwellen die Fahrzeugelektronik beeinflussen. Im Zug sollten Sie aber Rücksicht auf die anderen Fahrgäste nehmen und nicht im Abteil (auch nicht im Großraumabteil!) telefonieren, sondern im Gang des Waggons.

Der Spaß am Handy bleibt umso länger erhalten, je weniger man von ewig anklingelnden Anrufern belästigt wird.

Das Telefax

Briefe oder Unterlagen, die Sie nicht mit der Post schicken können oder wollen, können Sie auch als Fax an den Adressaten bringen. Meist wird das Fax allerdings dann genutzt, wenn es gilt, keine Zeit zu verlieren. Damit eilige Schreiben auch vollständig und bei der richtigen Person ankommen, lohnt es sich, ein Fax korrekt zu senden:

- Fertigen Sie ein Anschreiben an, auf dem Sie, neben dem eigenen Briefkopf, die folgenden Angaben nennen: den Namen der Firma, Ihren Ansprechpartner, seine Faxnummer, das Sendedatum und eventuell die Uhrzeit. Außerdem vermerken Sie am besten noch die Anzahl der Seiten, die Sie senden – eventuell mit der Anmerkung: »Dieses Fax besteht aus x Seiten einschließlich dieses Deckblatts.«
- Sie sollten keine vertraulichen Mitteilungen faxen, wenn Sie nicht sicher wissen, dass ausschließlich der Empfänger Zugang zum Gerät hat.
- In einem privaten Fax brauchen Sie natürlich keine Formalitäten einzuhalten, aber ein Vermerk, wie viele Seiten das Fax umfasst, ist wegen der Übertragungssicherheit angebracht und erspart telefonische Nachfragen, ob alle Seiten angekommen sind.
- Geht das Fax an eine Behörde, sollten Sie dieselben Dinge berücksichtigen wie im beruflichen Bereich. Behandeln Sie ansonsten ein privates Fax so, wie Sie es von privaten Briefen gewohnt sind.

Rasche Kommunikation

Das Wichtigste im heutigen Geschäftsleben ist Zeit, und wir alle haben meist zu wenig davon. Deshalb ist die E-Mail heute eines der wichtigsten Kommunikationsmittel überhaupt. Sie ist unkompliziert zu verfassen und im Normalfall in wenigen Augenblicken beim Empfänger. Gerade deshalb sollten Sie beim Schreiben einige Grundregeln beachten:

- Das Wichtigste vorab: Schreiben Sie Geschäftsmails völlig anders als private Mails!
- Behalten Sie bei Mails im geschäftlichen Bereich unbedingt die gebräuchliche Anrede »Sehr geehrte bzw. Liebe Frau Meier« / »Sehr geehrter bzw. Lieber Herr Meier« bei. Kaum ein Geschäftspartner schätzt es, mit »Hallo, Herr Meier« angesprochen zu werden.
- Halten Sie den Betreff knapp und aussagekräftig.
- Erkundigen Sie sich bei E-Mail-Adressen, die nur mit Vornamenskürzel angegeben sind, wie

Obwohl E-Mails wesentlich lockerer formuliert werden als offizielle Schreiben, sollte doch Zeit für Höflichkeit sein.

»jhartmann«, ob es sich bei dem potenziellen zukünftigen Geschäftspartner um eine Dame oder einen Herrn handelt. Sonst wissen Sie nicht, ob Sie »Sehr geehrte Frau« oder »Sehr geehrter Herr« schreiben sollen.

Chatten

Über Chatrooms im Internet können Sie mit Menschen rund um den Globus schriftlich plaudern, wenn diese sich gerade im entsprechenden virtuellen Raum (Chatroom) befinden. Diese Räume sind meist nach Themen geordnet oder stehen unter einem bestimmten Motto. Eine erste Auswahl von »Chatrooms« finden Sie auf den Seiten Ihres Providers, der Ihnen den Zugang zum Internet gegen Gebühr ermöglicht.

- Sie geben weder Name noch Telefonnummer an, sondern denken sich zu diesem Zweck einen beliebigen Namen (Nickname) aus – dieser Name wird jeder Äußerung hinzugefügt.
- Im Normalfall kann jeder, der sich in einem Chatroom befindet, an seinem Bildschirm alles mitlesen, was gerade geschrieben wird.
- Wenn Sie mit jemandem ohne Öffentlichkeit »reden« wollen, ist «Flüstern« angesagt, eine technische Funktion, durch die ein offenes Gespräch, vergleichbar mit einem Stammtischgespräch, zu einem Dialog unter vier Augen wird.

- In sogenannten Event-Chats können Sie mit Prominenten zu bestimmten Ereignissen (Popkonzert, Messe, Fußballspiel usw.) chatten, wobei ein Moderator ordnend die Fäden in der Hand hält.
- Wahren Sie beim »Chatten« unbedingt die Höflichkeitsregeln, auch wenn Sie niemand beim richtigen Namen kennt, denn kaum jemand betritt einen Chatroom, um sich beleidigen zu lassen.
- Beim Chatten neue Partner finden – inzwischen eine Selbstverständlichkeit für viele Singles auf der ganzen Welt. Es gibt Partnerbörsen, die auf den Schutz ihrer Teilnehmer achten und so eine seriöse Plattform fürs »Anbandeln« bilden.
- Beim digitalen Flirten ist es nicht ganz leicht, den richtigen Ton zu treffen. Wenn Sie selbst den ersten Schritt unternehmen, ist es am besten, sich kurz mit einem netten »Hallo« zu melden und in wenigen Worten eine Beschreibung der eigenen Person zu liefern. Kommt eine Antwort, so gehen Sie alles Weitere ruhig an. So erfahren Sie am besten, ob Ihr Gegenüber eine Kurzbekanntschaft sucht oder einen Partner.

Die Hohe Schule der Konversation

Sich mit jemandem zu unterhalten, ist für den einen ein Kinderspiel, für den anderen aber harte Arbeit. Denn es geht nicht darum, einfach draufloszureden. Sich intelligent und in einer gepflegten Sprache auszudrücken, ist gefragt. Wer öfter in der Öffentlichkeit spricht, sollte sich im Klaren sein, dass man ihn umso besser versteht, je mehr er an sich arbeitet.

Immer deutlich sprechen!

Wer so sprechen möchte, dass man ihn gut versteht, muss als Erstes lernen, jedes Wort richtig zu artikulieren. Das heißt auf den Punkt gebracht: Nuscheln Sie nicht!

- Lassen Sie sich Zeit: Machen Sie zwischen den einzelnen Wörtern winzige Pausen, damit sich die Endung des einen Wortes nicht in die Anfangssilbe des anderen mischt, und schon hat Ihre Sprache an Klarheit und Verständlichkeit gewonnen.

- Sprechen Sie nicht zu schnell, sonst geht die Verständlichkeit in der Wortmitte verloren.
- Harte und weiche Konsonanten sollten beim Sprechen unterschieden werden können. Versuchen Sie auch deshalb, keinen Dialekt zu sprechen.
- Eine Sprechausbildung oder eine stimmbildnerische Arbeit sind für Menschen, die viel sprechen oder häufig vortragen, eine große Hilfe. In Kursen kann man auch lernen, die Lautstärke so zu bemessen, dass jeder Anwesende Sie ohne Anstrengung verstehen kann.

Die Gestik nicht vergessen

Mit Körpersprache können Sie Ihre Worte eindrucksvoll unterstützen – oder Ihren eigenen Vortrag nachhaltig ruinieren.

- Vor allem dürfen Sie die Gestik nicht übertreiben. Sie schaden sich nur, wenn Sie den Hampelmann spielen oder Grimassen schneiden.
- Eine bewährte Hilfe, um das eigene Mienenspiel besser einschätzen zu können, ist es, sich vor

Die Gesten oben signalisieren: 1 Konzentration, 2 Verschlossenheit, 3 Irritation/Nachdenklichkeit, 4 Herausforderung.

einem Spiegel oder vor einer Videokamera mit sich selbst zu unterhalten. Achten Sie dabei auch auf Ihre Hand- und Armbewegungen, weil ein Überziehen dieser Gesten leicht aggressiv wirken kann. Vor allem: Nie mit dem Finger zeigen!

Sensibilität ist gefragt

Die beste Artikulation, ein geistvoller Inhalt und alles andere, was zum guten Reden gehört, sind verschwendet, wenn die Zuhörer einen wahren Wortschwall über sich ergehen lassen müssen.
Bremsen Sie sich beim Reden, um anderen eine Chance zum Gespräch zu geben, denn den besten Eindruck hinterlassen Sie, wenn Sie anderen gut zuhören können. Das mag paradox klingen, ist aber eine oft erprobte Wahrheit.

Verbale Attacken

Mehr noch als viele Worte wirken verbale Attacken negativ auf jeden Gesprächspartner. Vermeiden Sie »Fettnäpfchen« und vor allem politische und gesellschaftliche Diskriminierung.

- Wer »Neger« statt »Schwarzer« sagt und von anderen als »Kanaken«, »Barackler«, »Proleten« oder ähnlichem spricht, wirkt hilflos und zeigt mangelndes Begreifen von Zusammenhängen.
- Die diskriminierende Einstellung zum anderen Geschlecht spiegelt sich in der Sprache wider: »Weiber, Tussi, Mädels« beziehungsweise »Kerle, Typen« und dergleichen sind Begriffe, die Sie besser vergessen.

Small Talk

Gefürchtet von den einen, geliebt und perfektioniert von den anderen ist der Small Talk, das kleine Gespräch, das Herzstück des Gesellschaftslebens. Die Kunst, auf Partys und Festen zu »überleben«, besteht darin, Gesprächspartner zu finden, zu denen man einen Draht hat. Ist der erste Kontakt einmal geknüpft, fällt es auch zurückhaltenden Menschen leichter, Themen zu finden, über die man sich intensiver unterhalten kann. Ergreifen Sie freundlich und charmant die Initiative.

Die Gesprächsinitiative ergreifen

Sie müssen ein Gespräch keineswegs mit einer Frage beginnen. Wenden Sie sich einfach einem der Umstehenden zu und starten Sie das Gespräch mit einer Bemerkung über eines der Themen aus der Themenhitliste, Seite 44 f.

❖ Beim Small Talk können Sie mit Ihren Antworten sehr gut steuern, ob und wie die Themen ver-

Wenn die Gäste sich angeregt unterhalten, ohne dass der Gastgeber eingreift, ist ein Fest gelungen.

tieft werden. Ist Ihnen ein Thema nicht angenehm oder wollen Sie über etwas nicht sprechen, dürfen Sie das auch zum Ausdruck bringen. Sie gehen einfach nicht weiter darauf ein und schneiden ein neues Thema an.

✧ Heutzutage warten Frauen meist nicht mehr schüchtern, bis sie angesprochen werden. Kommt also eine Frau auf einen Mann zu, um ein Gespräch zu beginnen, ist das in der Regel nicht gleich ein Annäherungsversuch.

Komplimente, aber richtig

Manchen Menschen fällt es leicht, anderen Komplimente zu machen. Meister in dieser Kunst planen Komplimente nicht, sondern sagen spontan, wenn sie von etwas beeindruckt sind. Damit lösen sie echte Freude aus. Wer dies nicht kann, sollte besser nicht versuchen, sich Sympathien durch Komplimente zu erwerben. Er bewirkt meist das Gegenteil dessen, was er erreichen wollte. Lassen Sie vor allem das Alter aus dem Spiel – das Gespräch könnte ziemlich unangenehm werden.

Darüber spricht man gerne

Sogenannte leichte Themen, die von allen verstanden, aber jederzeit vertieft werden können, sind ideale Starter für ein kleines Gespräch, und interessante Themen gibt es mehr als genug.

Überlegen Sie sich schon zu Hause ein paar Themen, über die Sie etwas wissen oder die gerade aktuell sind. Blättern Sie auch wieder einmal durch eine Zeitschrift.

- Sportereignisse sind unter Männern fast immer ein beliebtes Thema. Sie wissen dann selbst am besten, dass man sich tunlichst nicht mit einem Fan der gegnerischen Fußball- oder Eishockeymannschaft streitet, wenn man eigentlich wichtige Geschäfte mit ihm machen will.
- Frauen sind eher für Themen aus dem kulturellen Bereich empfänglich. Eine gute Bemerkung über den neuen Bestseller oder den Kinohit der Saison, ein Hinweis, dass Sie die neue, interessante Ausstellung schon gesehen haben oder in einem Konzert waren, sichert Ihnen sofort Aufmerksamkeit.

- Aktueller Lifestyle ist vielleicht das beste aller Gebiete: Hier bieten Rezepte, Küchentrends, Wellnesshotels, eine witzige Modeidee, eine gelungene Werbekampagne, Auto- oder Möbeldesign im wahrsten Sinn des Wortes »tausend Themen«. Sie müssen sich nur bedienen!
- Im Urlaub lassen sich Kontakte besonders leicht herstellen, und Anknüpfungspunkte gibt es

Was ist schöner, als auf einem glanzvollen Fest neue Menschen kennenzulernen, Kontakte zu pflegen und Freundschaften zu schließen?

wie Sand am Meer: Ein Ausflug in die Umgebung, etwas Witziges oder Originelles aus dem Reiseführer, Kochkünste des Küchenchefs ...

- Zeitgeschehen: Hier ist Vorsicht geboten, wenn Sie politische Interessen berühren. Wenn Sie sich mit jemandem zum ersten Mal unterhalten, müssen Sie damit rechnen, dass er Ihre Ansichten nicht teilt.
- Tabuthemen sind: Krankheiten und Todesfälle, Persönliches aus dem eigenen Leben (Liebeskummer, Probleme aller Art), Finanzielles, Politik, berufliche Fachkenntnisse sowie gemeinsame Bekannte!
- Vorsicht ist übrigens auch bei familiären Themen geboten. Nicht nur in Großbritannien und Italien lösen Sie mit Details aus dem Familienleben Unbehagen aus. Private Probleme sind nichts für den Small Talk. Bedenken Sie: Auch Themen, die Ihnen unverfänglich erscheinen mögen, könnten angesichts der – Ihnen unbekannten und vielleicht schwierigen – familiären Situation Ihres Gegenübers irritierend wirken.

Wenn das Gespräch stockt

Sehr schwierig wird es, wenn jemand mit Ihnen den Small Talk zwar versucht, aber nun nicht mehr weiterweiß. Das Schweigen ist für beide peinlich.

- Sie können das Gespräch ganz höflich beenden, indem Sie sich entschuldigen, um Freunde zu begrüßen oder um Getränke beziehungsweise Essen holen zu gehen.
- Oder Sie versuchen, das Gespräch wieder in Gang zu bringen, indem Sie eine unverfängliche Frage über die Party stellen.
- Kommt trotz aller Bemühungen das Gespräch nicht mehr voran, weil beide Gesprächspartner keine gemeinsamen Themen finden oder weil einfach keine Harmonie entsteht, dann beenden Sie das Gespräch taktvoll, indem Sie zum Beispiel sagen: »Oh, ich habe eben die Gastgeberin entdeckt, da will ich mich mal für die Einladung bedanken«, und höflich, aber bestimmt das Weite suchen. Ganz falsch wäre es, krampfhaft an einem Gesprächspartner festzuhalten, denn Sie verderben sich und ihm den Abend.

Tischmanieren

Wer einmal mit offenen Augen in einem Restaurant saß – und es muss beileibe kein Fastfood-Lokal gewesen sein – kann sich nur darüber wundern, wie schwer es vielen fällt, appetitlich zu essen. Dabei galten Tischmanieren und das Wissen um den korrekten Gebrauch von Mundtuch, Besteck (damals noch Löffel und Messer) und Gläsern schon im Mittelalter als Prüfstein für Herkunft, Charakter und guten Stil.

Wohin mit der Serviette?

Die Serviette schützt die Kleidung vor Spritzern und herabfallenden Essensteilen – zudem dient sie dem Zweck, den Mund zwischendurch und zum Abschluss des Essens abzuwischen.

❖ Binden Sie die Serviette NIE um den Hals, auch wenn Ihnen das praktisch erscheinen könnte. Sie wird weder zwischen die Knöpfe ins Hemd

Servietten korrekt zu gebrauchen, ist gar nicht so leicht, wie man denken könnte.

gesteckt noch an einer Krawattenklammer festgeklemmt – und sie wird auch nicht unter den Teller geschoben oder zwischen Tellern, Besteck und Gläsern abgelegt.

❖ Die oberste Regel ist: Die Serviette muss benutzt werden, und ihr Platz ist immer auf dem Schoß! Muss man zwischendurch aufstehen, dann wird die Serviette leicht zusammengefaltet und neben dem Teller abgelegt.

- Nach dem letzten Gang falten Sie die Serviette locker zusammen und legen Sie links neben das Geschirr auf den Tisch.
- Damen sollten vor dem Essen keinen stark deckenden Lippenstift verwenden, sondern besser nur einen leichten Gloss, sonst ist eine Stoffserviette schnell unbrauchbar. Nach dem Essen können Sie sich »frisch machen« und mit leuchtenden Lippen den Abend genießen.

Der Auftakt – Brot und Butter

Vor dem eigentlichen Menü wird oft Brot mit Butter oder Schmalz angeboten.

- Wird der Brotkorb herumgereicht, bedienen sich zuerst die Damen. Es versteht sich von selbst, dass man nur das Brot oder die Brötchen berührt, die man dann auch nimmt.
- Die Butter nehmen Sie mit der Vorlegegabel, die auf dem Butterteller liegt, indem Sie ein Stück aufspießen und auf das kleine Brottellerchen legen, das links neben der äußeren Gabel in Ihrem Gedeck steht.

- Zum Aufstreichen der Butter auf das Brot wird nicht das Vorspeisenbesteck, sondern ausschließlich das zu diesem Zweck gereichte Messerchen verwendet.
- Findet sich ein weiteres Tellerchen dort, so nehmen Sie etwas Butter oder Schmalz aus dem Töpfchen auf dem Tisch und legen es zum weiteren Verzehr auf dieses Buttertellerchen.

Besteck handhaben wie ein Profi

Wenn Sie gerade eine Pause beim Essen machen, dann legen Sie das Besteck immer so auf dem Teller ab, dass es nicht versehentlich abrutschen kann. Legen Sie das gebrauchte Besteck niemals auf die Tischdecke oder gar auf die Serviette!

- Die sogenannte Besteckssprache ist eine »Geheimsprache«, mit der Sie ohne Worte einiges über das Essen aussagen können. Sie erspart Ihnen beispielsweise während einer Essenspause die Frage, ob Sie schon fertig seien.

»Bitte abräumen.« Würde ein Teil schräg nach unten zeigen, hieße das: »Das Essen war nicht gut.«

»Ich mache eine Essenspause.« Das Besteck ist vorne auf dem Teller gekreuzt, die Messerschneide zeigt nach innen.

Das zeugt von schlechtem Stil: Die Stiele von Messer und Gabel auf dem Tisch, die Spitzen klaffen auf dem Teller auseinander

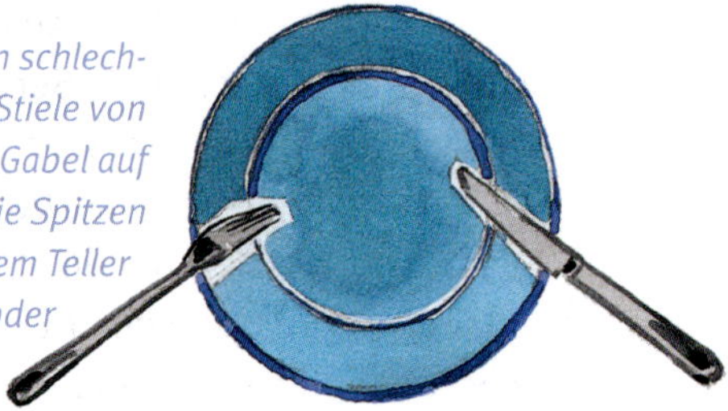

- Essenspause: Das Besteck liegt gekreuzt auf dem Teller, wobei die Messerschneide nach innen zeigt und die Gabel mit den Zinkenspitzen auf dem Teller liegt.
- Bitte abräumen: Das Besteck liegt rechts unten leicht schräg nebeneinander (beide Teile auf Fünf-Uhr-Position).
- Es war alles einwandfrei: Das Besteck liegt links unten, wobei ein Teil senkrecht nach unten zeigt, das andere liegt etwas abgesetzt daneben leicht schräg (Fünf-nach-halb-sieben-Position).
- Das Essen war nicht gut: Das Besteck liegt rechts unten, wobei ein Teil senkrecht nach unten zeigt, das andere liegt etwas abgesetzt daneben leicht schräg (Fünf-vor-halb-sechs-Position).
- Schlechtes Benehmen ist es, die vorderen Enden des Besteckes auf den Tellerrand und die Stiele auf den Tisch zu legen.

Bei privaten Einladungen in den Räumlichkeiten der Gastgeber gebietet es die Höflichkeit, auf Kritik durch die Besteckssprache zu verzichten. Es ist auch unhöflich, über das Essen zu lästern.

Auf Messers Schneide

Wichtige Voraussetzung für die gekonnte Handhabung des Bestecks: Sie müssen auf Ihrem Sitz einen guten Halt haben. Der Körper sollte sich etwa eine Handbreit vom Tisch weg befinden, die Arme am Körper anliegen und die Hände nur bis zu den Handgelenken auf dem Tisch liegen.

- Das Messer halten Sie mit der rechten Hand. Gebrauchen Sie es, indem Sie mit dem Zeigefinger Druck nach unten geben und mit Daumen und Mittelfinger das Messer am Wegrutschen hindern.
- Das Fleischmesser nur zum Schneiden verwenden – also nicht Essen mit dem Messer hin und her schieben.
- Das Fischmesser mit seiner geschwungenen stumpfen, aber spitzen Klinge wird nur zum Zer-

Mit dem Fleischmesser schneidet man. Schieben des Essens, Herumfuchteln usw. sind streng verboten.

teilen des Fischstückes oder, wenn nötig, zum Tranchieren eines ganzen Fisches verwendet. Die Kerbe auf der Oberseite der Klinge dient zur deutlichen Unterscheidung des Fischmessers gegenüber den anderen Messern im Gedeck. Achtung: Geräucherter Fisch wird nicht mit einem Fischmesser gegessen, sondern mit einem Fleischmesser.

Alles über die Gabel

Was wenige wissen: Die Gabel hielt erst im 18. Jahrhundert Einzug in die Speisezimmer Europas und war noch lange den Fürstenhöfen und anderen großen Häusern vorbehalten. Doch daran kann es nicht liegen, dass bis heute mit der Gabel geradezu abenteuerliche Manöver ausgeführt werden ...

Das Fischmesser erkennt man an seiner lanzenförmigen Spitze und der geschwungenen Schneide.

- Eine Gabel halten Sie möglichst weit hinten am Stiel – wobei der Zeigefinger zur Mitte hin Druck auf die Zinken ausübt, wenn gleichzeitig mit der rechten Hand das Messer beim Schneiden gehandhabt wird. Benützen Sie nur die Gabel, können Sie sie in der rechten Hand halten.
- Führen Sie die Gabel immer so zum Mund, dass sie auf dem ganzen Weg nur leicht geneigt wird – also auch aufgespießte Speisen nicht in steilem Winkel zum Mund führen. Wird die Gabel als Schaufel benutzt, etwa bei Reis und Kartoffeln, wird sie umgedreht und mit den Zinken nach oben verwendet. Der Stiel liegt dabei in der Beuge zwischen Daumen und Zeigefinger.
Nach dem letzten Gebrauch legen Sie die Gabel auf der linken Seite des Tellers mit den Zinken nach oben ab.
- Die Vorlegegabeln werden ausschließlich dazu verwendet, Speisen von Vorlegetellern oder -tabletts auf Ihren Teller zu transportieren. Vergessen Sie bitte nie, die Vorlegegabel wieder auf die Platte zurückzulegen!

So ist gut löffeln

Niemand weiß, wie viele Kleidungsstücke schon durch Suppe verdorben wurden ...

- Den Löffel benutzen Sie korrekt, indem Sie den Stiel in der Beuge zwischen Daumen und Zeigefinger aufliegen lassen und ihn in Richtung Daumen und Zeigefinger halten, während der Mittelfinger das Gewicht des Löffels abstützt.
- Füllen Sie den Löffel immer nur zu zwei Dritteln, weil dann der »Transport« der Suppe zum Mund besser gelingt.

Tanz der Teller und Gläser

Kein Problem bietet der Umgang mit den Tellern der Menügänge, weil sie bei jedem Gang neu aufgedeckt und danach sofort wieder abgeräumt werden. Welche Teller zum Einsatz kommen, ist allein Sache der Gastgeber bzw. des Restaurants.

Auf dem Platzteller nicht essen, das Besteck nicht dort ablegen und zwischen den Menügängen nicht die Gläser darauf abstellen!

Essen mit den Fingern

Das Essen mit den Fingern ist bei gehobenen Anlässen oder Festivitäten nur in klar definierten Situationen möglich – dann jedoch nur mit einer Hand. Dies ist nur dann der Fall, wenn die Speisen nicht oder nur schwer mit Messer und Gabel zu essen sind.

Geflügel kann man aus der Hand essen, wenn das Fleisch nicht in kleinen Happen mit der Gabel in den Mund geschoben werden kann, sondern vom größeren Stück, also von Schlegel oder Keule, abgebissen werden muss. Dies ist aber nur dann angebracht, wenn die Enden der Schlegel mit Papierbanderolen versehen sind, sodass die Finger nicht mit dem Fleisch in Berührung kommen, oder wenn bei jedem Gast Fingerschälchen mit lauwarmem Wasser und Zitronenscheiben für die Entfernung des Fettes von den Fingern bereitgestellt werden. Ist dies alles nicht der Fall, dann müssen Sie wohl oder übel mit Messer und Gabel das Geflügelfleisch vom Knochen lösen, soweit dies damit möglich ist.

Bestimmte Rotweine sowie Portwein werden aus geschmacklichen Gründen in der Karaffe serviert.

Das Glas an sich

Alle Gläser, die Sie auf einer klassisch eingedeckten Tafel vorfinden, sollten einen Stiel haben. Und dort – in der Mitte des Stiels – fasst man das Glas auch an, weil das unschöne Fingerabdrücke am Glas und die Erwärmung des Weins durch die Hand verhindert. Kommen Gläser ohne Stiel zur Verwendung oder werden Getränke in Silberbechern gereicht, dann wird das Gefäß in der Mitte angefasst, aber keinesfalls oben am Rand.

Altbekanntes zur Erinnerung

So mancher denkt im Stillen, dass Tischmanieren nur etwas für das Essen in der Öffentlichkeit seien – doch je weniger Übung man darin hat, leicht und aufrecht bei Tisch zu sitzen und mit Anstand und Würde zu essen, desto schwieriger ist es, ein solches Verhalten dann auf »Kommando« abzurufen. Gönnen Sie sich doch auch zu Hause dieses Maß an Kultur und Stil.

- Gehen Sie vor dem Essen zum Händewaschen.
- Am Tisch bewahren Sie Haltung: Auch zwischen den Gängen ist eine aufrechte Sitzhaltung angebracht.
- Die Ellbogen kommen mit dem Tisch nie in Berührung.
- Absolut selbstverständlich: Laute Verdauungs- oder Körpergeräusche sind verpönt. Auch das Schmatzen und Schlürfen ist kein Zeichen dafür, dass es besonders gut schmeckt, sondern gilt als grobe Unhöflichkeit gegenüber den anderen Personen am Tisch.

Checkliste: Tabus bei Tisch

Bei jeder Party, bei jedem Fest passieren die unglaublichsten Dinge, und das ständig und auf allen Ebenen ... Deshalb hier zur schönen Erinnerung ein paar Dinge, die »man nicht tut«.

- Schlürfen oder schmatzen oder andere Körpergeräusche von sich geben, sich kratzen
- In Richtung auf Teller und Speisen oder andere Gäste schnäuzen oder husten
- Sich selbst Nachschlag vom Servierwagen holen
- Aus der Suppentasse trinken
- Käse und Wurst auf dem Buffet »aushöhlen«
- Brot in Suppe oder Saucen tunken oder den Teller auswischen
- Dem Kellner beim Einschenken das Glas entgegenhalten
- Gläser mit Stiel am Kelch anfassen
- Rauchen, während andere essen
- Den Zahnstocher ganz offen benutzen
- Mit vollem Mund sprechen
- Hastig und gierig essen

Spezialitäten-ABC

Eine Reihe von Speisen kann man nur mit bestimmten Techniken problemlos essen. Dazu zählt nicht nur Hummer, sondern auch die bayerische Weißwurst.

Amuse-Gueule

Die Minivorspeise, in Restaurants meist auf Kosten des Hauses gereicht, ist nur als Appetithappen gedacht. Für die Scheibe Pastete, die Mousse oder die Crostini liegt das Besteck oft nicht vorher auf der Tafel.

Artischocken

Die Blütenköpfe der distelartigen Staude werden meist mit einer würzigen Sauce oder einem Dip als Vorspeise serviert.

❖ Zupfen Sie Blatt für Blatt ab, und tunken Sie die Blätter mit dem weichen Ende in die Sauce. Dann lutschen Sie das Innere des Blatts zusammen mit der Sauce aus.

❖ Wenn alle Blätter abgezupft sind, liegt der Artischockenboden frei. Das jetzt sichtbare sogenannte Heu ist ungenießbar! Kratzen Sie es mit einem kleinen Löffel ab und legen Sie es auf den Abfallteller.

❖ Das nun freigelegte Artischockenherz verspeisen Sie mit Messer und Gabel.

Austern

Nehmen Sie die Auster in einer dick gefalteten Serviette mit der gewölbten Seite nach unten in die Hand.

❖ Trennen Sie die Schale an der rückwärtigen Nahtstelle mit Ihrem Austernmesser auf.

❖ Wenn Sie eine Austernzange benutzen, halten Sie die Schale unbedingt waagerecht, weil sich in frischen Austern Meerwasser befindet.

❖ Im unteren Teil der Schale haftet die Auster am sogenannten Austernpunkt, dem Schließmuskel. Lösen Sie die Austern wie oben beschrieben, aber lassen Sie sie in der Schale im Meerwasser schwimmen.

❖ Mit der Austerngabel entfernen Sie nun in der Schale Bart und Darm, würzen etwas mit Zitrone und schlürfen das Fleisch zusammen mit dem Meerwasser direkt aus der Schale aus, indem Sie diese zum Mund führen und nicht umgekehrt.

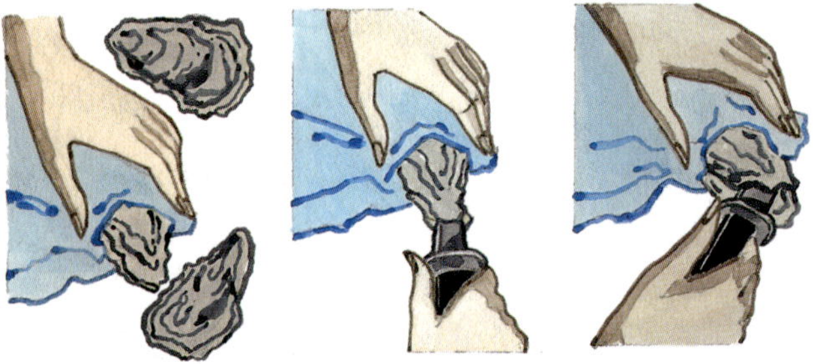

So essen Sie rohe Austern am besten: Die Auster gut festhalten, Ober- und Unterschale lösen, den Austernpunkt durchtrennen.

Avocado

Oft werden Avocados halbiert und/oder gefüllt serviert. Nehmen Sie dann den Löffel und schaben oder löffeln Sie Füllung oder Fruchtfleisch heraus.

Canapé

Ein Canapé besteht aus einer Weißbrotscheibe, die mit Wurst, Käse, Pastete, Fisch oder anderen Lebensmitteln fantasievoll belegt ist. Nehmen Sie zum Canapé eine Serviette, denn manche dieser Häppchen sind so hoch belegt, dass Auflage und Brot nicht zusammen in den Mund passen.

Cremes, Mousse und Co.

Nur Kenner verstehen es, solche besonders weichen Desserts mit der Gabel zu essen. Nutzen Sie bedenkenlos den Dessertlöffel – das gilt auch fürs Kompott, für Obstsalat oder Pudding. Für alle anderen Desserts gibt es besonderes Besteck.

Fisch

Einen Fisch zu filetieren, erfordert durchaus Geschick und Übung!

- Entfernen Sie zunächst die Flossen und die Haut, indem Sie mit dem Fischmesser am Rücken (die obere schmale Seite des Fisches) entlangfahren. Sie ziehen die Haut ab und heben das Filet von den Gräten ab. Dann wenden Sie den Fisch vorsichtig und lösen auf der anderen Seite das Filet von den Gräten.

- Haben Sie eine Gräte im Mund, schieben Sie diese mit der Zunge auf die Lippen, von dort auf die Gabel.

Garnelen, Scampi und Krabben

Meist werden diese Meeresfrüchte halbiert serviert. Wenn Sie einmal eine ganze Garnele essen wollen, geht das so:

- Sie fassen den Kopf mit der linken Hand und drehen mit der rechten Hand den Körper so fest herum, dass sich der Panzer des Körpers vom Kopf löst.
- Anschließend ziehen Sie das Fleisch am Kopf aus dem Schwanzende heraus. Den schwarzen Faden des Darms lösen Sie mit der Gabel oder dem Fischmesser. Sie können das auf diese Weise ausgelöste Fleisch nun essen.
- Genießer schwören übrigens darauf, die Köpfe von Garnelen auszusaugen ...

Bei Fischen mit einer deutlichen Rückengräte schneiden Sie zunächst die Haut an Rücken und Bauch auf.

Die Haut können Sie dann mit dem Messer abwickeln, wenn Sie sie nicht später mitessen möchten.

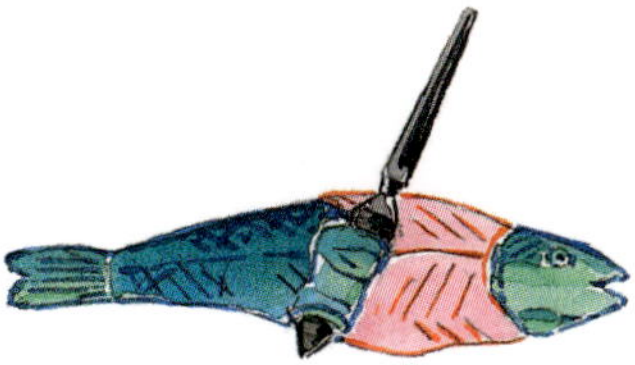

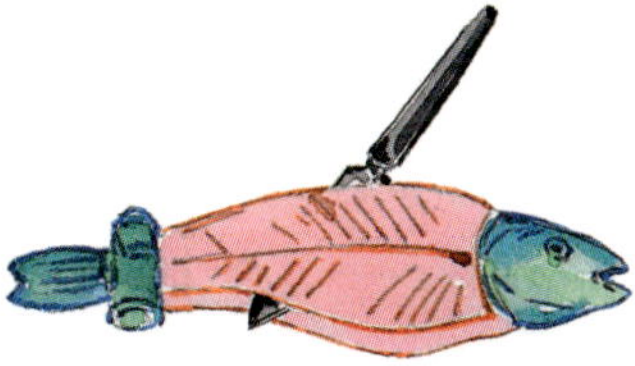

Vom Kopf beginnend, schälen Sie eine Seite des Fisches vorsichtig von der Gräte.

Dann heben Sie das Fischfilet von der Gräte ab und entfernen die darunter liegende Gräte.

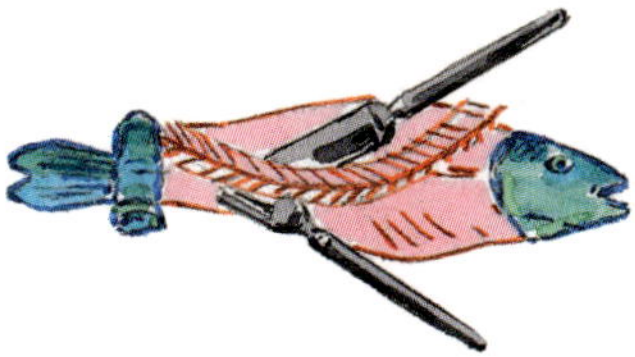

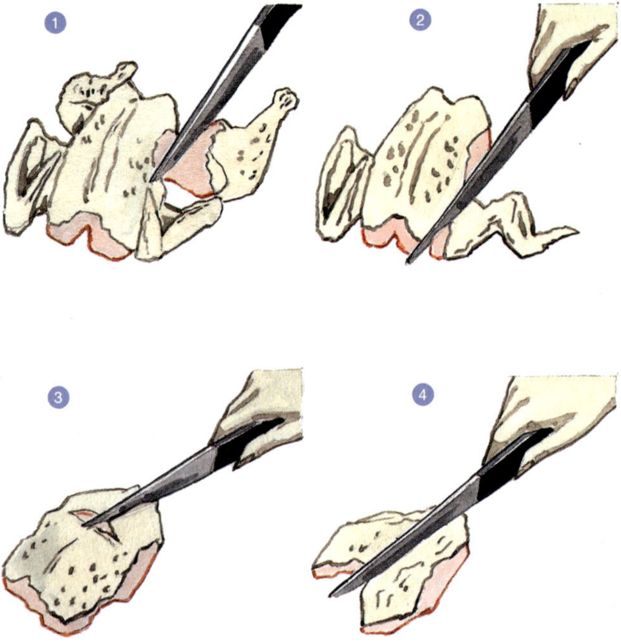

Vom Hühnchen zuerst Flügel und Beine trennen. Dann auf dem Rücken das Fleisch durchtrennen und ablösen. Zum Schluss das Brustfilet abheben.

Geflügel

Geflügel wird in der Küche tranchiert (in kleine Stücke geteilt). Um die Einzelteile zu erhalten, geht man in Schritten vor (→ Seite 68). Bei Tisch werden Sie es selten mit einem ganzen gebratenen Vogel zu tun bekommen. Doch auch dann sollten Sie Geflügel nicht als Fingerfood ansehen.

- Eine eventuell vorhandene Füllung des Vogels holen Sie mit dem Vorlegelöffel heraus.
- Die Viertel einer Gans oder Pute sind so groß, dass Sie große Teile der Schenkel und der Brust mit Messer und Gabel essen können.
- Das Fleisch der Schenkel von Gans, Ente und Rebhuhn lässt sich nur bedingt mit Besteck von den Knochen lösen; versuchen Sie es so lange wie möglich. Mit etwas Übung ist es auch gar nicht so schwer, saubere Fleischteile von den Knochen zu lösen. Die mehr oder weniger vom Fleisch befreiten Knochen und auch fettige Hautstücke legen Sie sauber auf dem dafür vorgesehenen Teller ab.
- Werden Wachteln halbiert serviert, sollten Sie so lange wie möglich mit Messer und Gabel essen.

- Das Brustfleisch eines gebratenen Hähnchens oder einer Wachtel essen Sie mit Messer und Gabel.
- Das Fleisch von Hähnchen- und Wachtelschenkeln dagegen dürfen Sie von den Knochen abnagen, wenn eine kleine, weiße Papierbanderole über den Fuß geschoben wurde.
- Die beliebten Chicken Wings mit Sauce dürfen Sie überall mit den Händen festhalten und genussvoll abnagen! Die dazu in der Regel gereichten weiteren Beilagen essen Sie allerdings mit dem Besteck.
- Vom Hühnchen zuerst Flügel und Beine trennen. Dann auf dem Rücken das Fleisch durchtrennen und ablösen. Zum Schluss das Brustfilet abheben.

Hummer

In der Regel kommt ein Hummer gekocht und mit halbiertem Schwanzpanzer auf die Tafel.

- Brechen Sie den beweglichen Greifer ab, und knacken Sie dann mit der Hummerzange die Sche-

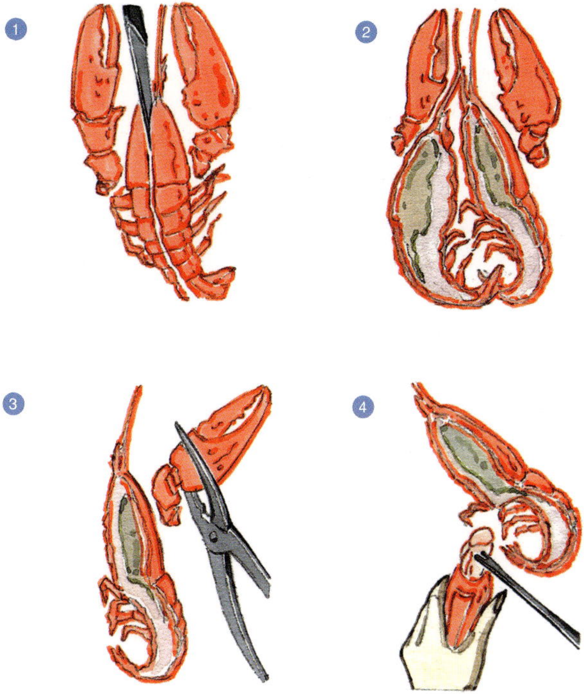

Den gekochten Hummer teilen und nach und nach essen: zuerst das Schwanz-, dann das Scherenfleisch.

ren Stück für Stück auf. Dabei sollten Sie aber gefühlvoll vorgehen, denn das wertvolle Fleisch in den Scheren sollte weder zerquetscht noch zerstückelt werden. Das Fleisch in den Scheren wird mit der Hummergabel vorsichtig herausgezogen und gegessen.

- Die Beine brechen Sie an den Gelenken in Stücke. Dann nehmen Sie die Hummergabel mit den Zinken nach oben in die rechte Hand. Mit der linken Hand halten Sie das Beinchen und lösen und ziehen das Fleisch heraus. Wenn die übrige Tischgesellschaft es ebenso macht, können Sie an den Röhren saugen, um Fleisch und Saft zu genießen.
- Wer den Geschmack mag, kann die Hummer-Innereien mit dem Löffel essen.

Käse

Käse wirkt richtig opulent, wenn er mit Früchten garniert auf großen Brettern angerichtet wird. Alternativ wird in einigen Restaurants und von verschiedenen Catering-Services ein Wagen vorbeigefahren, von dem Sie die Käsesorten wählen.

- Zu Käseplatten gehört ein Käsemesser. Sie schneiden damit kleine Stücke oder Scheiben vom Stück, spießen sie mit den Zinken auf und streifen den Käse auf Ihrem Teller mit dem eigenen Besteck ab.
- Bei verschiedenen Sorten sollten Sie mit mildem Käse beginnen und dann zum pikanteren übergehen.
- Belegen Sie Ihren Teller so, dass nie eine Sorte Käse auf einer anderen (auch nicht auf den Resten) zu liegen kommt!
- Essen Sie den Käse zu Brot oder Brötchen mit dem kleinen Käsebesteck, das Sie mit dem Teller für den Käse gereicht bekommen.
- Finden Sie an einem Käsestückchen Reste der Rinde, dann ziehen oder schneiden Sie diese mit dem Messer ab.
- Ihr fertig belegtes Käsebrot essen Sie Stück für Stück mit Messer und Gabel.
- Käsebrötchen, die bereits belegt auf dem Buffet angeboten werden, können Sie mit der Hand nehmen.

Kartoffeln

Aus der Zeit der Silberbestecke stammt die eiserne Regel für das Verspeisen von Kartoffeln: nicht schneiden, sondern mit der Gabel zerteilen. Ähnlich wie bei Eiern laufen die Silbermesser nämlich wegen der Kartoffelstärke beim Schneiden unschön an. Vor allem aber kann eine Kartoffel mit glatten Schnittstellen die Sauce, durch die sie geschmacklich erst abgerundet wird, nicht aufnehmen.

❖ Vorsicht aber beim Zerquetschen. Wenn Sie gar nicht anders an die Sauce kommen, können Sie theoretisch ein kleines Stückchen Kartoffel zer-

Kartoffeln schneidet man nicht mit dem Messer. Stechen Sie ein Stückchen ab, und tunken Sie es in die Sauce.

drücken und mit ein wenig Sauce vermengen. Bei beruflichen Testessen und im Kreis konservativer Gäste ist davon aber abzuraten.

❖ Zur Folienkartoffel wird ein zusätzlicher Löffel gebracht, mit dem Sie das Innere auslösen und essen. Fehlt dieser Löffel, essen Sie einfach mit Messer und Gabel.

Kaviar (Störrogen)

Kaviar isst man mit der sogenannten Schaufel, die aber in der Regel ein zierlicher Perlmuttlöffel ist,

Kaviar ist eine teure und einmalige Delikatesse. Es gibt den salzig-würzigen Störrogen in unterschiedlicher Qualität.

zu dem ein ebenfalls aus Perlmutt gefertigtes Kaviarmesser gehört. Bei Berührung mit Metalllöffeln besteht nämlich die Gefahr, dass sich der besonders delikate Geschmack des Kaviars verändert.

- Mit der Kaviarschaufel nehmen Sie etwas Kaviar auf den Teller und streichen ihn mit dem Kaviarmesser auf den vorher mit Butter bestrichenen Toast.
- Der wahre Gourmet bestreicht jeweils immer nur ein Häppchen.

Kernobst

Äpfel und Birnen sind das auf Tafeln am häufigsten angebotene Kernobst.

- Nehmen Sie die Frucht in die linke Hand und schälen Sie mit dem Obstmesser, beim Stielende beginnend, die Schale kreisförmig dünn ab.
- Anschließend vierteln Sie das Obst und schneiden das Kerngehäuse heraus.
- Sie können die Viertel sowohl mit den Fingern als auch mit dem Obstbesteck essen.

Kirschen

Kirschen werden im Restaurant meist ungewaschen in einer Wasserschale serviert.

- Nehmen Sie eine Kirsche am Stiel und schwenken Sie sie im Wasser. Dann pflücken Sie die Frucht mit den Lippen vom Stiel.
- Den Kern legen Sie diskret ab: Ballen Sie am besten die Hand zu einer lockeren Faust vor dem Mund und legen Sie den Kern mit den Lippen in die Mulde zwischen Zeigefinger und Daumen.
- Lassen Sie den Kern unauffällig auf den Abfallteller gleiten. Ist kein entsprechender Teller vorhanden, dient die (Papier-)Serviette als Ersatz.

Krebse

Achtung: Krebsfleisch färbt extrem rot! Achten Sie deshalb bei einem Krebsessen besonders auf den Schutz Ihrer Kleidung.

- Halten Sie den Krebs mit der linken Hand am Brustpanzer und ziehen Sie mit der rechten Hand unter leichtem Biegen und Drehen den Schwanz vom Körper.

- Indem Sie mit dem Krebsmesser den Panzer an der Unterseite aufschneiden, kommen Sie leicht an das Fleisch, wenn es nicht schon beim Lösen des Schwanzes herausgerutscht ist.
- Den Darmkanal sollten Sie unbedingt entfernen, weil er extrem bitter schmeckt und das Aroma des Krebses stört.
- Das Fleisch essen Sie mit Messer und Gabel.
- Das Krebsmesser hat ein kleines Loch, durch das die Beinröhren gesteckt und schnell geknackt werden. Fleisch und Saft werden anschließend mit dem Mund aus den Röhrchen gesaugt.

Kuchen und Gebäck

- Gebäckteilchen werden mit den Fingern gegessen, dagegen wird zum Kuchen eine kleine Gabel mit passendem Löffel gereicht.
- Die Sahne wird nicht auf den Kuchen, sondern daneben auf den Teller gegeben. Dann ein Stückchen Kuchen abteilen und mit Sahne bedecken.
- Mit der Hand können Sie Pralinen oder Feingebäck (Kekse, Plätzchen) essen.

Ein Festessen für Gourmets – und mit ein klein wenig Know-how auch gar nicht schwierig zu verzehren.

Muscheln

Muscheln werden entweder in einem stark flüssigen Sud gereicht, oder sie kommen überbacken auf den Tisch. Bei Muscheln im Sud hat sich eine recht rustikale Esstechnik durchgesetzt.

- Nehmen Sie eine große, weit geöffnete Muschel in die Hand und pieken Sie mit der Gabel das Fleisch heraus. Dann legen Sie die Gabel beiseite und nehmen diese erste Muschel in die Hand.
- Sie lösen nun, mit dieser Muschel als Zange, die anderen Muscheln aus den Schalen und legen die leeren Schalen auf den bereitstehenden Teller.
- Schöpfen Sie den Sud in eine halbe Muschel und trinken Sie ihn daraus.
- Achtung: Lassen Sie geschlossene oder nur wenig geöffnete Muscheln liegen, weil sie im schlimmsten Fall nicht frisch sind und zu Vergiftungen führen können.

Orangen

Orangen essen Sie nicht wie daheim, indem Sie ein Loch in die Schalen graben!

- Ritzen Sie die Schale mit dem Obstmesser ein und ziehen Sie sie sauber samt der darunter liegenden Haut spaltenweise oder kreisförmig mit dem Messer ab.

- Sie können anschließend mit den Fingern die Frucht in Stücke teilen und sie mit der Hand essen.

Pasteten

Kalt und in Stücken oder in Scheiben serviert, sind Pasteten beliebte Vorspeisen, die sich hervorragend garnieren lassen.
Pasteten sollten nicht zu fest sein. Sie müssen sich noch mit der Gabel teilen lassen. Aber selbst steinharte Pasteten darf man niemals mit dem Messer schneiden!

Salat

Früher musste man auch die größten Salatblätter mit der Gabel falten und im Ganzen in den Mund schieben. Heute muss Salat so klein zerteilt (mundgerecht) auf den Tisch kommen, dass man ihn problemlos mit der Gabel essen kann. (Dafür ist natürlich der Gastgeber bzw. das Küchenpersonal verantwortlich.)
Ist dies nicht der Fall, dürfen Sie den Salat mit Gabel und Messer in essbare Stücke schneiden.

Um die in einer gehaltvollen Knoblauchsauce schwimmenden Schnecken essen zu können, braucht man die Schneckenzange und eine Spezialgabel.

Schnecken

Das Besteck für das Schneckenessen besteht aus einer Zange und einer kleinen Gabel mit zwei Zinken.

- Mit der Zange greifen Sie das Gehäuse; dann ziehen Sie das feste, schmackhafte Fleisch vorsichtig mit der Schneckengabel aus dem Gehäuse.
- Das Fleischbröckchen legen Sie dann auf Ihren Löffel, kippen die würzige Sauce aus dem Gehäuse und essen beides vom Löffel.
- Beim Schneckenessen ist es erlaubt, die Sauce mit Brot aus dem Schneckenteller zu tunken.
- Gibt es Meeresschnecken, dann holen Sie das Fleisch mit der eingedeckten Stecknadel heraus.

Spareribs

Selten werden Spareribs Sie auf einer festlichen Tafel erwarten! Sollte Ihr berufliches Testessen aber in einem Steakhaus stattfinden, dann gilt:

- Spareribs werden mit den Fingern gegessen, wenn die Rippen, wie allgemein üblich, schon zerteilt sind.

❖ Manchmal bekommen Sie ein Rippenstück im Ganzen, sodass Sie mit einem Steakmesser die einzelnen Rippen tranchieren müssen. Das ist besonders dann nicht einfach, wenn die Sauce bereits in der Küche über das Rippenstück gegeben wurde.
❖ Spareribs schmecken besonders gut, wenn man sie in die würzige Sauce tunkt. Danach müssen Sie Hände und Mund gründlich reinigen. In guten Häusern werden Papierservietten und Zitronensaft oder Reinigungstücher angeboten. Letzte Spuren beseitigen Sie am besten im Waschraum.
❖ Vorsicht, wenn Sie während des Essens etwas trinken: Das Glas verschmiert meist unschön!

Steinobst

Aprikosen und Pfirsiche sind ein Augenschmaus und werden gerne auf Fruchttellern dekoriert.
❖ Nehmen Sie die Frucht in die linke Hand, und schneiden Sie sie mit dem Obstmesser tief bis auf den Stein ein. Dann wird das Messer einmal um den Stein herum durch das Fruchtfleisch geführt.

- Die entstandenen beiden Hälften, die ja noch am Stein haften, drehen Sie mit beiden Händen einmal gegeneinander, sodass sie sich vom Stein lösen.
- Die beiden Fruchthälften essen Sie mit dem Besteck oder aus der Hand.
- Pflaumen öffnen Sie mit der Hand, lösen den Kern aus und legen ihn auf den Teller.

Suppe

Cremesuppen sind relativ leicht zu essen, aber um Suppen mit Einlagen wie langen Nudeln »protokollgerecht« zu löffeln, braucht man außer Geschick auch etwas Übung.

- Essen Sie Suppe langsam mit der rechten Hand.
- Keinesfalls darf ein Teller zum Mund geführt werden, um den Suppenrest daraus zu trinken. Aus der Suppentasse dürfen Sie das aber!
- Tunken Sie kein Brot in die Suppe!
- Den Teller können Sie leicht von sich weg anheben, um den letzten Rest Suppe herauszulöffeln.

Sushi

Sushi besteht aus rohem Fischfilet, meist von Thunfisch, Makrele oder Lachs. Es wird mit gekochtem Reis in Rotalgenblätter gewickelt und in Scheiben geschnitten.

- Die japanische Spezialität essen Sie mit den Fingern oder mit Stäbchen.
- Sojasauce in ein Tellerchen geben, Sushi in die Sauce tauchen und das Stückchen möglichst mit einem Bissen essen.

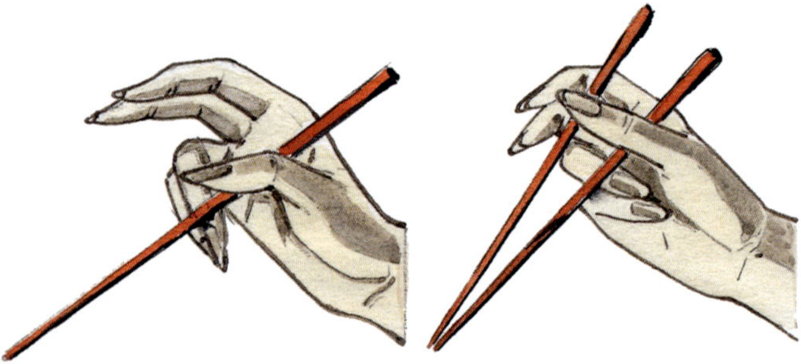

Die Stäbchenführung: Sie halten eines fest und nehmen das zweite beweglich zwischen Daumen und Mittelfinger.

Weißwurst

Weißwürste werden immer nach Stück bestellt, nicht nach Paar! Sie werden in einer Terrine serviert, in der alle am Tisch bestellten Weißwürste liegen.

- Jeder Gast nimmt höchstens zwei Weißwürste aus der Terrine und gibt sie auf seinen Teller. Haben Sie mehr als diese bestellt, bleiben diese zunächst in der Terrine, die sie warm hält.
- Die königlich-bayerische Variante: Sie nehmen die Wurst an einem Ende in die Hand und tunken sie mit dem anderen Ende in den Senf. Dieses Ende stecken Sie in den Mund und »zuzeln« die Füllung mit Zähnen und Lippen aus, bis nur die Haut übrigbleibt.
- Die moderne, weniger deftige Variante: Sie schneiden die Weißwurst längs ein, rollen die beiden Wursthälften jeweils vorsichtig zur Seite aus der Haut heraus und essen sie mit süßem Senf. Der Nachteil dieser Methode ist, dass die Weißwürste auf diese Weise auskühlen und einen Teil ihres Aromas verlieren.

Eine Einladung zum Fest

Gelegenheiten zum Feiern gibt es viele – und doch ist jede Einladung anders. Immer wieder aufs Neue schaffen Gästemix, Dekoration, Essen und Musik und nicht zuletzt Ihre Laune eine Atmosphäre, die jedes Fest zu einem einmaligen Erlebnis für alle macht. Mit guter Vorbereitung ist der Erfolg schon fast garantiert.

Das Essen zu Hause

Sobald die Gästeliste steht, ist die wichtigste Frage: Haben Sie genug Platz, um die Gäste so an einem Tisch unterzubringen, dass alle sich wohlfühlen?

- Es ist wichtig, dass jeder Gast genügend Freiraum hat und dass seine Gläser, sein Besteck und die anderen Utensilien so auf den Tisch vor ihm

Eine Einladung im großen Stil – ist das nicht eine wunderbare Gelegenheit, andere Menschen kennenzulernen?

Decken Sie den Tisch probeweise ein und stellen Sie die Stühle dazu; so erkennen Sie alle möglichen Probleme im Vorfeld und haben noch gut Zeit, Abhilfe zu schaffen.

passen, dass er sich ihrer bedienen kann, ohne den Nachbarn zu berühren.

- Überprüfen Sie Ihre Ausstattung. Fehlendes Geschirr, Besteck und Gläser eventuell nachkaufen.
- Die Stühle sollten möglichst alle gleich aussehen.
- Falls Sie Tafelsilber besitzen, putzen Sie es rechtzeitig.

Formvollendet einladen

Der harmonische und stilvolle Ablauf einer Einladung beginnt mit einer passenden Einladungskarte, denn schon am Papier, an Illustrationen und Schriftgestaltung können die Gäste erkennen, in welchem Rahmen sich das Fest bewegen wird.

- Schreiben Sie den Anlass auf die Vorderseite der Karte.
- Alle wichtigen Daten schreiben Sie auf die Seite 3 der Einladung.

- Hinweise auf die Kleiderordnung und den Termin für Zusage oder Absage platzieren Sie auf Seite 2 unten in kleiner Schrift.
- Große Familienfeste erfordern eine schriftliche, besonders stilvolle Einladung. Sie lassen die Einladung am besten auf wertvollem kartoniertem Papier drucken. Notieren Sie wichtige Daten und Termine, weisen Sie auf die besten Anreisewege hin.
- Die schriftliche Einladung zu einer Garten- oder Geburtstagsparty werden Sie eher in einem lockeren Stil aufmachen. Am Computer lassen sich mit Schrift, Illustrationen und eingescannten Fotos tolle Karten oder ein schöner Flyer selbst gestalten.
- Wenn Sie sicher wissen müssen, wie viele Gäste zum Fest kommen, setzen Sie die Fromel U.A.w.g. (Um Antwort wird gebeten) ans Ende der Einladung – am besten mit einem Termin, bis zu dem man sich entscheiden muss.

Versenden Sie die Einladung sechs bis zwölf Wochen vor dem Termin des Festes. Dann können Ihre Gäste sich besser einrichten, und Sie können sicher sein, dass alle kommen werden.

Neben den Gastgebern sitzen rechts und links die Ehrengäste. Einen bevorzugten Platz hat auch immer das direkte Gegenüber.

Den Tisch vorbereiten

Das Herzstück einer Einladung zum Essen ist der passend geschmückte Tisch, an dem Ihre Gäste die festlichen Stunden verbringen werden.

- Für einen festlichen Anlass wählen Sie eine weiße Tischdecke. Sollte eine nicht reichen, können Sie eine zweite gleichfarbige Tischdecke leicht überlappend auflegen. Aufstehende Ränder glatt bügeln. Dazu kommt Ihr bestes Besteck auf den Tisch, auf Hochglanz polierte Gläser, Stoffservietten und Tafelschmuck.
- Für weniger festliche Anlässe (Brunch) können Sie auch einen Tischläufer wählen.
- Lack- und Papierdecken müssen nur zum (rustikalen) Anlass und Ambiente passen.
- Kerzen und andere Dekorationsgegenstände sind auf jeder festlichen Tafel ein Muss! Ob klassisch dezent, lustig, ausgefallen oder passend zu einem Themenabend (Karibik, Asien usw.) – es gibt eine riesige Auswahl, mit denen der Tisch im Handumdrehen zur stimmungsvollen Bühne wird.

✤ Blumen ordnen Sie am besten in der Mitte der Tafel an, sonst behindern sie die Sicht und die Kommunikation. Achten Sie dabei auf Symmetrie – das wirkt immer gekonnt! Eine zusätzliche Vase auf der Anrichte kann das Arrangement ergänzen.
✤ Tischkarten stellen Sie oberhalb des Gedecks unmittelbar hinter das Nachtischbesteck. Die Menükarten platzieren Sie dahinter – sie können durchaus auch etwas in den Blumenschmuck hineingerückt werden.

Richtig eindecken

Der Platzteller, oft ein Silberteller oder ein Teller mit Goldrand, bildet den Mittel- und Orientierungspunkt beim Eindecken jedes Platzes. Stellen Sie den Teller vor jedem Stuhl auf den Tisch – etwa fünf Zentimeter vom Tischrand.
✤ Legen oder stellen Sie je eine gefaltete Stoffserviette (Größe mindestens 50 x 50 cm) auf den Platzteller.
✤ Für das Besteck gilt: Es wird nur das eingedeckt, was tatsächlich gebraucht wird. So wird

bei einem Drei-Gänge-Menü natürlich weniger Besteck eingedeckt als bei einem Fünf- oder Sieben-Gänge-Menü.

❖ Für ein Drei-Gänge-Menü (Suppe, Hauptgang und Dessert) wird das Besteck so angeordnet: Die Gabel kommt links neben dem Teller zu liegen, das Messer rechts davon, ganz rechts außen der Suppenlöffel. Oberhalb des Tellers wird quer liegend der Dessertlöffel bzw. die Dessertgabel angeordnet. Die Zinken der Dessertgabel zeigen nach rechts (für Rechtshänder).

Heute gibt es fünf Gänge: Vorspeise, Suppe, Fisch- und Fleischgang, Dessert. Dazu werden Sekt, Rot- und Weißwein und Wasser gereicht.

- Beim Fünf-Gänge-Menü mit kalter Vorspeise wird die Anordnung so erweitert: Das kleinere Vorspeisenmesser legen Sie nach ganz rechts außen. Zwischen dem Vorspeisenmesser und dem Messer für den Hauptgang platzieren Sie den Suppenlöffel.
- Bei einer warmen Vorspeise liegt der Suppenlöffel ganz rechts außen und das Messer für die Vorspeise vor dem Messer für den Hauptgang.
- Oft wird der Suppenlöffel auf dem Unterteller gereicht, wenn die Suppe in der Tasse serviert wird.
- Das Besteck für ein Amuse-Gueule (kleines Appetithäppchen), für den Käse oder für spezielle Desserts mit dem Gang servieren!

Die Gläser

Das Rotweinglas fungiert als Richtglas, das die Anordnung der anderen Gläser bestimmt.

- Stellen Sie es exakt über die Spitze des Fleischmessers in Höhe der Dessertgabel. Das Weißweinglas als das nächstgrößere (das auch als Wasserglas Verwendung finden kann) ordnen Sie im 45-Grad-Winkel rechts darunter an. Das Sektglas im 45-Grad-Winkel links oberhalb des Richtglases platzieren.

Der letzte Schliff

Für Brot und Butter decken Sie links vom Gedeck ein kleines Tellerchen mit daraufliegendem Messer ein.
In die Tafel werden noch ein paar kleine Brotkörbe und kleine Teller mit der Butter gestellt.

Stilgerechte Anordnung für ein Menü mit Suppe, Fleischgericht und Dessert. Links der Teller für Brot und Butter.

Umgang mit den Gästen

Ob Sie zu einem Essen gebeten haben oder ob sich zum Beispiel vor dem Gang zum Standesamt Gäste bei Ihnen zu Hause treffen, die Begrüßungszeremonie ist immer dieselbe: Sie öffnen die Tür oder nehmen mit Ihrer Begleitung im Eingangsbereich Aufstellung. Dort heißen sie jeden einzelnen Gast willkommen. Trifft ein Paar gemeinsam ein, begrüßen Sie zuerst die Dame, danach den Herrn.

Nach wie vor ist die Grundform der höflichen Begrüßung im deutschsprachigen Raum das Händegeben.

❖ Man gibt einander die Hand, nur gut bekannte Menschen werden mit Küsschen empfangen. In der Regel gibt man sich während der Küsschen (rechts – links – rechts) nicht die Hand.

❖ Vermeiden Sie es, Hände über Kreuz zu geben. Das bringt Unruhe!

❖ Mitgebrachte Gastgeschenke nehmen Sie mit der linken Hand an, um die rechte Hand für die Begrüßung frei zu halten. Sagen Sie bitte nicht: »Das war aber nicht nötig!« Zeigen Sie Ihre Freude gebührend, und danken Sie in passenden Worten.

❖ Bei großen Hochzeitsfeiern hat es sich bewährt, nicht nur eine Gästeliste zu führen, sondern allen, die bereits eingetroffen sind, ein Namenskärtchen zu überreichen. Bei Hochzeiten ist es auch üblich, sich selbst vorzustellen, wenn man mit anderen in Kontakt treten will, denn die Stimmung soll gelöst sein, nicht steif und formell.

❖ Eine kleine Rede zu Beginn des Festes zu halten, mag vom (geplagten) Gastgeber unliebsame Vorbereitung erfordern, ist aber ein herzliches Willkommen für alle.

Checkliste: Gäste begrüßen

So schaffen Sie gute Stimmung zu Partybeginn:

- Führen Sie Neuankömmlinge unter Ihren Gästen zu einer Gruppe, die sich angeregt unterhält, und stellen Sie sie mit einem kleinen Satz vor: »Das ist Karin Müller, mit ihr ging ich fünf Jahre zur Schule.«
- Nennen Sie den Namen des Herrn vor dem der Dame (den Herrn der Dame vorstellen).
- Nennen Sie den Namen des wesentlich Jüngeren vor dem des wesentlich älteren (den Jüngeren und/oder im Rang Niedereren dem älteren und/oder im Rang Höheren vorstellen).
- Lassen Sie niemanden alleine stehen. Machen Sie den Anfang und führen Sie Zweiergrüppchen zusammen – das mag am Anfang verkrampft sein, aber so bildet sich dann ein neuer Kreis, in den Sie weitere Personen integrieren können.
- Neuankömmlinge können auch ihren Vor- und Nachnamen nennen: »Ich bin Elvira Greifen.« Wer irritiert ist, wenn eine Frau die Initiative ergreift, macht keine gute Figur!

Die Einladung ins Restaurant

Wenn Sie eine Einladung ins Restaurant ausgesprochen haben, sind Sie auch dort Gastgeberin oder Gastgeber. Daher werden Sie sich bemühen, den Abend harmonisch und vom Ablauf her möglichst reibungslos zu gestalten. Die Wahl des richtigen Lokals ist dabei eine wichtige Entscheidung.

Gastgeber im Lokal

Überlegen Sie am besten zunächst, welche gastronomische Richtung Ihren Gästen am besten entspricht. Kennen Sie die kulinarischen Vorlieben Ihrer Gäste nicht, dann wählen Sie ein Restaurant mit eher international ausgerichteter Küche aus.

- Wenn es sich nicht um ein Restaurant handelt, das Sie öfter besuchen und dessen Qualität Sie kennen, ist es ratsam, dort mindestens einmal zur Probe zu essen.
- Wählen Sie ein Restaurant aus, in dem Ihre Gäste das teuerste Essen bestellen können, ohne dass Sie in finanzielle Schwierigkeiten kommen.

- Reservieren Sie den für Sie am besten geeigneten Tisch. Er sollte weder in der Nähe der Toilettentüren sein noch zu nahe an der Eingangstüre.
- Wenn möglich, stimmen Sie das Personal oder den Geschäftsführer auf Ihre Einladung ein.
- Kommt es dann doch so weit, dass etwas während der Feier zu beanstanden ist, so bringen Sie Beschwerden in freundlichem Ton vor.
- Scheuen Sie sich jedoch auch nicht, bei groben Versäumnissen den Geschäftsführer an den Tisch kommen zu lassen.
- Wickeln Sie die Bezahlung unauffällig ab, indem Sie nicht am Tisch, sondern persönlich beim Kellner bezahlen – auch dies können Sie im Vorfeld besprechen.
- Geben Sie etwa fünf bis zehn Prozent des Rechnungsbetrags an Trinkgeld, wenn Sie zufrieden waren. Geben Sie kein Trinkgeld, wenn Sie wirklich unzufrieden waren.
- Waren Sie mit dem Essen ganz besonders zufrieden, dann schauen Sie beim Gehen kurz an der Küche vorbei und sagen es dem Koch direkt.

Gast im Restaurant

Es gibt eine Reihe von Kleinigkeiten, an denen geübtes Personal sofort erkennt, ob Sie öfter außer Haus essen oder eher selten im Restaurant sind.

- Das Servieren und Abdecken ist nicht Sache des Gastes, sondern ausschließlich die des dafür anwesenden Personals. Machen Sie keine »hilfreichen« Handreichungen. Das ist zwar gut gemeint, aber von gut ausgebildetem Servicepersonal nicht erwünscht. Dadurch kann es nämlich zu »Katastrophen« am Tisch kommen, die letztlich dem Personal angelastet werden, obwohl der Gast sie verursacht hat.
- Nehmen Sie die Teller beim Servieren nicht mit der Hand an, denn sie können sehr heiß sein.
- Stellen Sie nach einem Menügang keine Teller zusammen, sondern lassen Sie sie so stehen, wie sie eingedeckt waren.
- Das Annehmen von vollen Gläsern mit der Hand führt meist zu Problemen und ist zudem ein Verstoß gegen die Etikette.

- Der Servierwagen ist für den Gast tabu, auch wenn er direkt hinter ihm steht und beispielsweise zum Nachfassen verführt.
- Auch die Warmhalteglocken, die möglicherweise auf dem Tisch über einer Schale oder Platte stehen, werden nur durch das Servicepersonal geöffnet.

Spezielle »Vergehen« rund ums Essen

- Es ist unhöflich gegenüber dem Gastgeber, wenn Sie von den servierten Speisen nichts oder kaum etwas essen.
- Wenn Sie die Speisen nicht kennen, sollten Sie wenigstens von allem etwas probieren – so entgehen Sie der Einschätzung von Gastgeber und Gästen, altmodisch, unflexibel und ignorant gegenüber Neuem zu sein.
- Es macht keinen guten Eindruck, wenn Sie die Speisen schnell in sich hineinessen, um noch zu einem Nachfassen zu kommen. Dies wird insbesondere bei Suppe und Vorspeise nicht gern gesehen, weil diese Gänge angesichts des folgenden

Mischen Sie sich nie in die Aufgaben des Personals ein – Warmhalteglocken sollten immer vom Personal geöffnet werden!

Hauptgangs in der Regel in eng begrenzter Menge zubereitet werden.

- Nehmen Sie lieber zweimal von einem Buffet, als die Speisen auf Ihrem Teller anzuhäufen, bis kein Platz mehr darauf ist. Man könnte sonst meinen, Sie hätten für diese Einladung tagelang gehungert!

Etwas Fingerspitzengefühl sollten Sie schon zu Hause beim Auftragen von Parfüm, Eau de Toilette oder Rasierwasser walten lassen, denn am Tisch sollten die Essensgerüche dominieren und nicht Ihre Duftnote.

- Tischgespräche während des Essens führen Sie nur mit den unmittelbaren Nachbarn, weil nur mit ihnen in normaler Lautstärke kommuniziert werden kann, ohne andere zu stören.
- Ein unmögliches Verhalten legen Sie dann an den Tag, wenn sie sich mit dem übernächsten Nachbarn unterhalten und dabei vor oder hinter dem Kopf des direkten Nachbarn ein Gespräch führen.
- Tuscheln Sie nicht hinter vorgehaltener Hand und flüstern Sie nicht mit Ihrem Tischnachbarn.
- Vor allem aber: Sitzen Sie nicht stumm da!

Die Verabschiedung

Als Gast brauchen Sie ein wenig Fingerspitzengefühl, wenn Sie den richtigen Zeitpunkt für den Aufbruch treffen wollen. In keinem Fall sollten Sie gehen, bevor der letzte Gang serviert wurde – es sei denn, Sie haben einen triftigen Grund und diesen schon früher den Gastgebern mitgeteilt. Lassen Sie also möglichst nach dem Dessert noch einige Zeit verstreichen, bevor Sie sich freundlich verabschieden.

- Verabschieden Sie sich nett von Ihrer Tischdame oder Ihrem Tischherrn sowie den anderen Gästen, die in Ihrer direkten Umgebung sitzen.
- Passen Sie einen günstigen Moment ab, um sich von den Gastgebern angemessen zu verabschieden. Sparen Sie nicht mit Dank und Lob für die Einladung, bringen Sie Ihre Freude über das Zusammensein und die gemeinsame Feier nochmals zum Ausdruck.
- Wenn irgend möglich, wird der Gastgeber Sie und Ihre Begleitung zur Garderobe bringen und der Dame in den Mantel helfen.

Checkliste für sie: Im Restaurant

- Heute sollte es völlig selbstverständlich sein, dass eine Frau sich im Restaurant aktiv verhält. Als wirklich emanzipierter Frau schadet es Ihrem Selbstbewusstsein und Ihrem Ansehen aber auch nicht, wenn man sieht, dass Sie im privaten Bereich freundlich umsorgt werden. Nur wenn es Ihnen absolut widerstrebt, sollten sie auf Ihrer betonten Eigenständigkeit bestehen. Im beruflichen Bereich sollten Sie das aber selbstverständlich immer tun.
- Lassen Sie es also im Privaten zu, wenn der Herr als Erster ins Restaurant geht. Sie folgen dann allerdings dem Kellner bis zum Tisch. Dort wählen Sie Ihren Platz und warten, bis der Herr Ihnen den Stuhl zurechtrückt.
- Wenn Ihr Begleiter Ihnen gute Tipps zum Essen oder zum Wein gibt oder Ihnen Brotkörbchen und Vorspeisenplatte reicht – warum nicht?
- Frauen entscheiden heute selbst, ob sie zur Begrüßung aufstehen oder nicht. Früher behielt die Dame stets ihren Platz.

Checkliste für ihn: Im Restaurant

- In Begleitung einer Dame gehen Sie als Erster ins Restaurant. Anschließend halten Sie der Dame die Tür auf.
- Werden Sie vom Kellner empfangen, dann geht dieser voran bis zum reservierten oder anderweitig freien Tisch. In diesem Fall folgt die Dame dem Kellner, Sie folgen nach.
- Warten Sie, bis Ihre Begleiterin den Platz gewählt hat, an dem sie sitzen möchte. Anschließend schieben Sie ihr den Stuhl zurecht.
- Auch heute noch tut es vielen Frauen gut, verwöhnt zu werden – nutzen Sie die Gelegenheit, eine Frau, für die Sie sich interessieren, ein wenig zu umsorgen. Gelegenheiten gibt es gerade im Restaurant genug.
- Klären Sie, ob Sie einladen oder getrennt zahlen.
- Vor dem Verlassen des Lokals gehen Sie zur Garderobe und ziehen Ihren Mantel an. Damit haben Sie die Hände frei, den Mantel der Dame zu nehmen und ihr in den Mantel zu helfen.

Karriere-Knigge

Wer seinen Arbeitsplatz als wichtigen Teil seines Lebens betrachtet und auch dort gute Manieren pflegt, prägt sich anderen auf positive Art ein. Andererseits tappen gerade Frauen oft in die durch die Höflichkeit verborgenen Fallen.

Ein harmonisches Klima unter Kollegen entsteht nicht von selbst – Höflichkeit ist eine wichtige Bedingung dafür.

Höflichkeit sollte in jedem Unternehmen eine der obersten Tugenden sein, denn sie zeigt den gegenseitigen Respekt aller Mitarbeiter voreinander am deutlichsten. Gute Manieren sind die beste Begleitung für fachliche Kompetenz. Doch Sie dürfen nie vergessen, trotz Höflichkeit und vornehmer Zurückhaltung Ihre Verdienste herauszustreichen und klar und entschieden für Ihre Standpunkte einzutreten. Gerade im beruflichen Umfeld dürfen Sie Höflichkeit nicht mit Nachgiebigkeit und Aufopferung Ihrer eigenen Interessen verwechseln.

Tipps für Berufseinsteiger

In der Regel beginnt niemand sein Berufsleben als Profi, und Sie werden Zeit brauchen, bis Sie sich zurechtfinden. Um beruflich etwas aus sich zu machen, brauchen Sie neben Können, Wissen und Erfahrung auch gute Kontakte und ein hervorragendes Image. Haben Sie also Geduld mit sich. Wer am Anfang zu weit vorprescht, setzt sich unter einen enormen Erfolgsdruck und weckt Neid.

Hilfe, ein Vorstellungsgespräch!

Sie sollten korrekt gekleidet sein, wenn Sie sich für eine gewerbliche Stelle bewerben – also Kostüm oder Anzug tragen.

- So mancher Bewerber für eine Stelle im kreativen Bereich (Medien/Schneider/Friseur usw.) hat sich in die Irre führen lassen und ist zum Vorstellungsgespräch nachlässig gekleidet erschienen: Ein grober Fehler! Gerade in diesen Berufen haben Menschen ein scharfes Auge. Treten Sie also in Ihrem eigenen Interesse nicht in billiger Kleidung auf.
- Für kaufmännische Berufe gilt, dass Sie zur Vorstellung das tragen, was Sie im beruflichen Alltag anziehen.
- Bei der Begrüßung warten Sie, bis man Ihnen die Hand reicht.
- Zeigen Sie auch durch Ihre Körperhaltung, dass Sie an der Stelle interessiert sind. Schlagen Sie als Frau während des Gesprächs die Beine nicht übereinander, passen Sie bei Rock oder Kleid auf, dass der Saum nicht hochrutscht.

❖ Achten Sie auf die Signale, die andeuten, dass das Gespräch zu Ende geht, aber beenden Sie es nicht von sich aus.
❖ Ist Ihr Vorstellungstermin zu Ende, dann stehen sie in normalem Tempo auf. Bedanken Sie sich freundlich für das aufschlussreiche Gespräch und warten Sie, bis man Ihnen die Hand reicht.
❖ Versuchen Sie nie, durch eine Andeutung herauszufinden, wie Sie »angekommen« sind.

Den Anfang meistern

Sie stehen an einem neuen Arbeitsplatz von der ersten Minute an unter der Beobachtung Ihrer neuen Kollegen. Verhalten Sie sich also zunächst defensiv, um keine Eifersüchteleien oder Ängste zu wecken.
❖ Treten Sie zunächst nicht forsch auf, weil man Ihnen das als Respektlosigkeit auslegen könnte.
❖ Beginnen Sie in den ersten Wochen von sich aus kein privates Gespräch. Beobachten Sie aufmerksam, wer auf Sie in welcher Art und Weise zukommt.

- Fachliche Fragen stellen Sie in höflichem Ton, wobei Sie durchaus nachfragen dürfen und sollten, wenn Sie eine Erklärung nicht gleich verstanden haben.
- Prangern Sie in den ersten Wochen keine Missstände an. Sie könnten falsche Kritik anbringen und sich gewaltig blamieren.
- Wer am Anfang mit Wissen protzt, stößt meistens nicht auf Sympathien.
- Halten Sie sich vor allem in Konferenzen auch mit Bemerkungen zurück, die zeigen, dass Sie mehr können als Ihr direkter Vorgesetzter – selbst wenn es nicht nur aus Ihrer Sicht so ist.
- Den Einstand zu feiern, ist eine Geste der Zugehörigkeit, die von jedem Neuankömmling erwartet wird. Sobald Sie die Probezeit bestanden haben oder wenn Sie einige Wochen in der Abteilung sind, laden Sie Ihre Kollegen am besten in ein Restaurant ein. Sie können dort z. B. Vorspeisen und mehrere Flaschen guten Prosecco bestellen. Wer am Arbeitsplatz feiern möchte, kann auch Kaffee und Kuchen reichen.

Um am Arbeitsplatz nicht anzuecken, ist es ratsam, eher zurückhaltend, distanziert und diplomatisch zu sein.

Den Arbeitsplatz einrichten

Wenn Sie nicht gezwungen sind, in einem Normbüro zu arbeiten, können Sie Pflanzen und Fotos aufstellen. Wer Ordnung im Raum hält, signalisiert, dass er willens und fähig sind, etwas aus seinem Arbeitsplatz zu machen.

- Räumen Sie vor allem jeden Tag die Akten auf und verstauen Sie sie am Abend in einem Schrank.
- Findet in Ihrem Zimmer Parteiverkehr statt oder werden dort öfter Meetings abgehalten, dann sollten Sie dort nicht rauchen.
- Schreibtisch, Computer und private Dokumente von Kollegen sind für alle anderen tabu. Werden Schreibtische und PCs von mehreren benutzt, haben private Inhalte dort nichts verloren. Benützen Sie dafür einen abschließbaren Rollcontainer.

Vom Umgang miteinander

So mancher Berufsanfänger glaubt, dass in erster Linie die eigenen Fähigkeiten und Leistungen bestimmen, wie weit man kommt. In Wirklichkeit ist die Fähigkeit, mit anderen Menschen umzugehen, mindestens ebenso wichtig – also in erster Linie die Fähigkeit, seine Vorgesetzen richtig einzuschätzen und gut mit ihnen zusammenzuarbeiten. Ebenso wichtig ist es, sich gegenüber Kollegen unangreifbar zu machen. Die erste Regel für

Aufsteiger lautet daher: Lästern über andere bringt Sie ins Aus! Hüten Sie sich davor, zu tratschen, denn Sie können sicher sein, dass dann in entsprechender Weise auch über Sie geredet wird, und Fehler macht auch der Geschickteste.

Pünktlichkeit

Wird in Ihrem Beruf pünktliches Erscheinen erwartet, sollten Sie den Weg zum Arbeitsplatz zeitlich großzügig berechnen.

- Bei einem beruflichen Gespräch gebietet es die Höflichkeit, rechtzeitig und gut vorbereitet am Treffpunkt zu erscheinen.
- Das Warten auf verspätete Gesprächspartner nervt viele Menschen. Kommen Sie pünktlich, damit das Gespräch nicht vorbelastet ist.

Ihr Verhältnis zu Chefin oder Chef

Durch die neuen flachen Firmenhierarchien ist der Umgang mit Chefs nicht leichter geworden. Je partnerschaftlicher man Ihnen entgegenkommt, desto mehr Disziplin ist sogar geboten.

- Gegenüber Vorgesetzten – ob weiblich oder männlich – sollten Sie keinen lässigen Ton pflegen, auch wenn diese betont locker auftreten.
- Drücken Sie durch Ihre Körpersprache stets Achtung und Respekt, aber auch Selbstbewusstsein aus. Da dies nicht einfach ist, sollten Sie einmal in Ruhe Körpersprache und Verhalten sehr erfolgreicher Kollegen oder Chefs beobachten.
- Erscheinen Sie nicht überraschend bei Vorgesetzten. Lassen Sie sich einen Termin geben. Warten Sie dann, bis Sie angekündigt werden, klopfen Sie an die Tür, warten Sie auf das »Herein!«, und treten Sie dann unbefangen ein.
- Vorgesetzte mit guten Manieren kommen auf Sie zu, um Sie mit Handschlag zu begrüßen und Ihnen einen Sitzplatz anzubieten.

Sich bekannt machen

Andere Menschen richtig anzusprechen, ist im Beruf sehr wichtig. Sagen Sie also nie respektlos »Hey du ...«, sondern sprechen Sie Kolleginnen und Kollegen immer mit Namen an.

- Wer alle seine Kollegen sowie die gesamte Chefetage und die wichtigsten Kunden kennt und mit Namen grüßt oder anspricht, sorgt dafür, dass sein Gesicht an den entscheidenden Stellen bekannt ist.
- Beim ersten Geschäftskontakt mit Kunden oder Lieferanten stellt man sich selbst mit Namen vor, wenn der Gesprächspartner etwa gleichrangig ist. Bei höhergestellten Personen sollten Sie warten, bis Sie vorgestellt werden.
- Man bittet um die Karte, um einem Hörfehler vorzubeugen und um beim späteren Schriftwechsel den Namen korrekt zu verwenden.

Besucher- und Kundenpflege

- Hochrangige Besucher erwarten, dass man sie in der Eingangshalle abholt. Diese Geste betont die Wichtigkeit ihres Besuches für das Haus.
- Muss ein Besucher den Weg zu Ihrem Büro alleine zurücklegen, dann bitten Sie ihn sofort freundlich herein, sobald er an Ihrer Zimmertür anklopft, und stehen Sie zur Begrüßung auf.

Wenn Ihr Gast einen weiten Anreiseweg hatte, sollte Sie ihm vor der Verhandlung ein paar Minuten zum »Ankommen« gönnen.

- Sollten Sie gerade ein Telefongespräch führen, brechen Sie dies mit einer Entschuldigung beim Gesprächspartner sofort ab. Nur wenn dieser wichtig oder höherrangig ist, bitten Sie Ihren Besucher mit einer freundlichen Handbewegung, Platz zu nehmen.
- Nach rascher Beendigung des Telefongesprächs entschuldigen Sie sich bei Ihrem Besucher und fragen höflich, ob sie oder er nicht ablegen will. Männer helfen einer Besucherin zuvorkommend aus dem Mantel.
- Hängen Sie die Garderobe ordentlich auf einen Bügel (für Bügel im Büro sorgen!).
- Bieten Sie Ihrem Besuch Getränke an und unterhalten Sie ihn noch eine kleine Weile mit Small Talk, um einen günstigen Ausgangspunkt für die Besprechung zu schaffen.
- Übrigens: Es ist unhöflich und möglicherweise auch nicht ratsam, Besucher – selbst für kurze Zeit – im Büro allein zu lassen!
- Nach der Verhandlung begleiten Sie den Besuch zum Ausgang, wenn es Ihre Zeit erlaubt.

Im Team arbeiten

Wenn Sie das Glück haben, in einem Team zu arbeiten, das seinen Namen verdient, sollten Sie alles versuchen, damit sie zusammen gute Chancen haben, ihre gemeinsamen Aufgaben zu erfüllen. Gibt es Probleme mit Qualität oder Zeit, ergreifen Sie die Initiative:

- Gehen Sie zum Chef, informieren Sie ihn über Erkrankungen, Terminprobleme usw.
- Begründen Sie, warum das so ist.
- Legen Sie einen Plan vor, wie man die Situation verbessern kann.
- Verteidigen Sie den Plan durch handfeste Argumente.
- Haben Sie sachliche Probleme mit der Arbeit eines bestimmten Teammitgliedes, dann ist es kollegial, den Punkt im Beisein aller anzusprechen und eine Lösung zu suchen.
- Geht Ihre Kollegin oder Ihr Kollege daraufhin zum Chef, um sich über Sie zu beschweren, dann bestehen Sie auf einem klärenden Gespräch mit allen Beteiligten, um Mobbing zu verhindern.

Kompetent verhandeln

Gutes Einvernehmen unter allen Mitarbeitern und externen Partnern ist eine der tragenden Säulen eines dauerhaften Berufserfolgs. Da man häufig mit Menschen arbeitet, für die man wenig Sympathien hegt, hilft es, die gute Form zu wahren.

- Unnötige Fehler werden schon in der Vorbereitung von Konferenzen gemacht. Um etwaige Störungen zu vermeiden, sagen Sie jedem, der Zutritt zum Raum hat, vorher Bescheid: der Sekretärin und allen anderen Kollegen. Sorgen Sie auch dafür, dass auf Sie und Ihre Besucher frischer Kaffee, kühle Getränke und Kekse warten. Damit haben Sie bereits die besten Voraussetzungen für ein erfolgreiches Gespräch geschaffen.
- Achten Sie darauf, dass jeder Teilnehmer einen guten Sitzplatz hat.
- Stellen Sie sich Ihren Besuchern zur Begrüßung vor. Nennen Sie dabei gut verständlich Ihren Namen und überreichen Sie jedem Gesprächspartner in Ruhe Ihre Visitenkarte.

- Auch wenn das Thema ernst sein sollte, vergessen Sie nicht, hin und wieder zu lächeln. Aber Vorsicht: Dauerlächeln wirkt absolut unangebracht.
- Lassen Sie jeden stets ausreden. Denn nur dann sind Sie in der Lage, alles exakt zu erfassen.
- Müssen Sie das Gespräch aus dringendem Anlass unterbrechen, so entschuldigen Sie sich beim Partner – und kommen Sie rasch zurück!
- Entscheidend für den Verlauf eines Gesprächs kann es sein, dass Sie durch Ihr Benehmen und durch Ihre Körpersprache Interesse an Ihrem Gegenüber zeigen. Neigen Sie sich dem Gesprächspartner öfter zu oder gehen Sie mit wohldosierten Gesten auf ihn ein.

Sich einfügen

Sehr häufig werden in Unternehmen bei Neubesetzungen von Stellen Beförderungen vorgenommen. Es lohnt sich also auch heute noch, sich in einer Firma zu engagieren und sich mit der Belegschaft auf guten Fuß zu stellen. Dazu müssen Sie sich nicht »verbiegen« – einfache Freundlichkeit und ein gewisses Interesse am anderen sind vollkommen ausreichend.

- Arbeiten Sie in einer großen Abteilung oder in einem kleinen Unternehmen, gehört es zum guten Ton, sich für die offiziellen Ereignisse im Privatleben der Kollegen zu interessieren. Sammeln Sie im Betrieb vor Geburtstagen, Geburten usw., und überreichen Sie gemeinsam ein Geschenk.
- Dafür können Sie im Gegenzug erwarten, dass Sie und Ihre Kollegen zu einem kleinen Umtrunk eingeladen werden.
- Auch wer befördert wurde, tut immer gut daran, mit den anderen Kollegen bei einem Glas Prosecco oder Sekt darauf anzustoßen.
- Hüten Sie sich sowohl davor, Versprechungen zu machen, wie auch davor, sich vor einen anderen Karren spannen zu lassen. Später aus Abhängigkeiten ausbrechen zu wollen, kann Ihnen sehr schaden.
- Bauen Sie besser auf Ihre Kompetenz, seien Sie durch gute Leistungen unantastbar – und halten Sie sich von Intriganten fern.

Auf Reisen

Jahr für Jahr verreisen Millionen Menschen, um die Schönheit ferner Länder zu erfahren. Ob Sie »nur« an den Küsten der Welt relaxen wollen, oder ob Sie Traditionen und Kultur erleben möchten – je positiver die Erlebnisse mit den Menschen sind, die Sie dort antreffen, desto näher wird Ihnen das Land kommen.

Gut vorbereitet

Für jedes Urlaubsland sind kompetente Reiseführer erhältlich, aus denen Sie vor Reiseantritt die jeweiligen Besonderheiten des Landes und die Merkmale seiner Kultur entnehmen können. Diese Informationen helfen Ihnen, sich schon zu Hause auf die Menschen, das Land und sein Klima einzustellen. Sie haben dann die besten Voraussetzungen, um in entspannter Atmosphäre die Gastfreundschaft der Menschen erleben zu können.

Respekt für das Land

Es gilt, die Eigenheiten Ihres Urlaubslandes zu achten, ohne dass Sie sich aktiv am Leben der Bewohner beteiligen müssen. Wichtig ist vor allem, das sittliche Gefühl der Bevölkerung am Urlaubsort nicht zu verletzen und stattdessen echtes Verständnis und Sympathie oder zumindest Toleranz für die andere Kultur zu entwickeln. Wenn man kein Interesse am Land hat – warum fährt man dorthin in Urlaub?

Religiöse Gefühle

Bitte beachten Sie vor allem die verständlichen Wünsche der Länder, in denen Religion noch ein lebendiger Teil des Alltags ist:

- Entweihen Sie Stätten des Glaubens nicht durch lautes oder respektloses Auftreten.
- Prozessionen nicht stören! Kleiden Sie sich entsprechend respektvoll, und halten Sie sich mit Kommentaren zurück.
- Trauerzüge sind keine Karnevalsumzüge, die Sie voller Interesse betrachten dürfen.

❖ Wenn Sie derzeit in die islamische Welt reisen, sollten Sie sich darauf gefasst machen, als Westeuropäer(in) nicht überall willkommen zu sein. Reagieren Sie mit Zurückhaltung!

Ein paar Worte wirken Wunder

Schon ein kleiner Wortschatz erzeugt ein gutes Klima: Ein nettes Grüßen in der Landessprache, die Namen von Lebensmitteln und Gerichten kennen – in der Regel werden die Gastgeber Ihre Bemühungen mit echter Freundlichkeit honorieren.

❖ Es ist nicht selbstverständlich, dass Sie im Urlaubsland auf Menschen treffen, die Deutsch sprechen. Darauf sollten Sie sich einstellen, wenn Sie nicht mit einem der großen deutschen Touristikunternehmen unterwegs sind.

❖ Vertrauen Sie andererseits nicht darauf, dass Sie ja ohnehin niemand verstehen kann, wenn Sie das Land und/oder die Bewohner lautstark beleidigen. Vor allem in der Türkei verstehen viele Menschen alles, was in deutscher Sprache gesagt wird.

Die Städte und Länder der Erde kann man »abklappern« oder sie mit allen Sinnen erleben und kennenlernen.

Checkliste: Auslandsreisen

Gut gekleidet zu sein, ist nicht nur im südlichen Ausland für die meisten Menschen eine Selbstverständlichkeit, und Touristen – auch weibliche – erregen Ärgernis, wenn sie sich in der Öffentlichkeit in zu leichter und schlampiger Kleidung zeigen.

- In islamischen Ländern sind allein reisende Touristinnen, die im Bikini am Hotelstrand liegen, ein Affront. Sie müssen damit rechnen, entsprechende Angebote vom männlichen Personal zu erhalten.
- Achten Sie vor allem beim Betreten von heiligen Stätten darauf, dass Sie keine durchsichtigen Oberteile (Chiffonblusen) tragen und dass Schultern und Oberarme bedeckt sind. Frauen tragen am besten ein langärmliges Kleid bzw. eine langärmlige Bluse oder eine Jacke. Zum Rock sollten Sie unbedingt Strümpfe anziehen. Erkundigen Sie sich auch danach, ob man erwartet, dass Sie Ihr Haar vollständig bedecken.
- Nackt baden ist in den südlichen Urlaubsländern offiziell verboten. Wollen Sie hüllenlos die Sonne

genießen, dann suchen Sie sich eine weit abgelegene Bucht. Sie müssen aber gewärtig sein, dass Sie selbst dort beobachtet werden.

- Auch Männer sollten heilige Stätten nicht in Shorts und in ärmellosen Hemdchen betreten. Wählen auch Sie eine lange Hose und ein Hemd mit langen Ärmeln bzw. eine leichte Jacke. Eventuell sollten Sie auch Socken mitnehmen. Erkundigen Sie sich am besten vorher, was man von Besuchern erwartet.
- Vergessen Sie nicht, dass so manches Reiseland den eigenen Bewohnern keinen so hohen Lebensstandard bieten kann, wie Sie ihn im Hotel erleben. Wenn Sie Urlaub bei den Ärmsten der Armen machen, müssen Sie auch damit rechnen, dass man versucht, ein wenig vom sagenhaften Reichtum der westlichen Welt für sich zu bekommen. Wundern Sie sich nicht über Taschendiebe, krumme Rechnungen im Restaurant, aufdringliche Verkäufer, Rufe nach Bakschisch und dergleichen.
- Wenn Sie das Land besser kennenlernen möchten als andere Besucher, sollten Sie vorurteilsfrei auf die Menschen zugehen.

Sehr gefragt im Ausland: Höflichkeit

Der höfliche Umgang miteinander und vor allem aufrichtiger Respekt vor älteren Menschen ist im Ausland noch wesentlich weiter verbreitet als bei uns. Daran sollten Sie denken, wenn Sie zum Beispiel die Eltern von Bekannten kennenlernen.

Freizügigkeit ist im Süden und in fernen Ländern am besten im Schutzbereich des Hotels aufgehoben.

- Die zufällige Berührung eines fremden Menschen gilt als grobe Beleidigung und wird oft nicht einfach hingenommen. Bitten Sie freundlich um Entschuldigung, wenn es doch einmal passiert ist – am besten in der Landessprache.
- Lernen Sie die Vokabeln für »Verzeihung« und »Entschuldigung«. Sie werden erleben, dass die Menschen im Ausland sich viel öfter entschuldigen als wir in unseren Großstädten.
- An engen Stellen auf den Entgegenkommenden achten. Drängeln Sie sich nicht vorbei! Kommen Sie als Erster an eine enge Stelle und jemand lässt Sie passieren, dann sagen Sie freundlich »Danke«.
- In asiatischen und afrikanischen Ländern sollten Sie die speziellen Gebräuche gut kennen.
- Nehmen Sie Rücksicht auf die Landessitten. Keinen Anstoß an Zärtlichkeiten nimmt man eigentlich nur in angelsächsischen und skandinavischen Ländern sowie in Mitteleuropa. Überall sonst auf der Welt gelten Händchenhalten, Küsschen und mehr in der Öffentlichkeit als anstößig und werden oft nicht toleriert.

Körpersprache

Nicht nur die Sprachen unterscheiden sich von Land zu Land – auch die Körpersprache ist weltweit nicht dieselbe, und man kann sich unbeabsichtigt ins Fettnäpfchen setzen!

- Der erhobene Daumen bedeutet fast auf der ganzen Welt »ok«. Nur in Australien und Nigeria ist er höchst beleidigend!
- Die mit Daumen und Zeigefinger geformte Ringgeste signalisiert in den USA »ok«, in Frankreich, Belgien und Tunesien »Null«, in Japan steht sie für »Münze«. In Deutschland und vielen anderen Ländern Europas ist sie eine schwere obszöne Beleidigung.
- In arabischen Ländern und auch im Kongo können Sie oft Männer sehen, die Hand in Hand gehen – das ist KEIN Zeichen für Homosexualität, sondern eine Geste der Freundschaft.
- Relativ locker geht man auch in Südeuropa oder Russland mit Berührungen um. In allen anderen Ländern und vor allem zwischen Männern und Frauen ist höfliche Distanz immer richtig.

Bei aller Lebhaftigkeit spielt die Höflichkeit in südlichen Ländern eine weit größere Rolle als bei uns.

Kniffelig: Trinkgeld

Trinkgeld sollten Sie nicht als Almosen oder als Zumutung verstehen, sondern als Anerkennung für gute Leistungen des Personals.

❖ In Japan, China, Neuseeland, Australien und auf manchen karibischen Inseln kann Trinkgeld als Beleidigung aufgefasst werden.

❖ In den europäischen Ländern östlich der Bundesrepublik Deutschland waren bis zum Zusammenbruch der Staatssysteme keine Trinkgelder

Für den normalen Bordservice auf Flugreisen sind Trinkgelder ans Kabinenpersonal unangebracht!

üblich. Das hat sich in der Zwischenzeit geändert, und man gibt dort Trinkgelder von etwa fünf Prozent des Rechnungsbetrags.

❖ Probleme gibt es dort, wo man nicht genau weiß, was in einem Restaurant für die Bedienung bereits im Preis einkalkuliert ist. Viele Staaten, die diese Unsicherheit aus der Welt schaffen wollten, haben inzwischen vorgeschrieben, dass der für die Bedienung einkalkulierte prozentuale Anteil (der durchaus in jedem Lokal anders sein darf) in der Speisekarte aufgeführt sein muss. In den anderen Dienstleistungsbereichen kann man davon ausgehen, dass Bedienstete angestellt sind. Im Normalfall sollte man die Beträge mit fünf bis zehn Prozent Trinkgeld ergänzen.

❖ Kein Trinkgeld wird im Flugzeug gegeben, denn dies würde die Crew als beleidigendes Almosen betrachten. Bei Leistungen, die im Flugzeug zu bezahlen sind, wie zum Beispiel einem zusätzlichen Getränk oder einem Snack, wird die Stewardess oder der Steward das freundlich offerierte Trinkgeld jedoch gerne annehmen.

Hinter die Kulissen blicken

Wenn Sie im Ausland privat eingeladen werden, ist das als großes Kompliment zu verstehen. Sie werden dabei aber feststellen, dass man in bester Absicht echte Fehler machen kann. Das beginnt bereits beim Gastgeschenk – am besten ist es übrigens, etwas typisch Deutsches mitzubringen, dann haben Sie gleich ein Gesprächsthema.

- Blumenstrauß: Nicht überall sind Blumen gern gesehene Mitbringsel – in ganz Asien ist hier eher Vorsicht geboten. So schenken Sie richtig: In Brasilien nicht rot (anzüglich) oder lila (Friedhof). In Rumänien nur gerade Anzahl (ungerade bei Totenfeiern). In Russland und im Iran nicht gelb (Unglück/Feindschaft). In Japan nie vier oder neun Blumen (Unglückszahlen!) und keine weißen Blumen (Trauer). Gar keine Blumen in Thailand, auf den Philippinen oder in Singapur.
- Gesprächsthemen: Keine brisanten Themen anschneiden, keine insistierenden Fragen stellen zu dunklen Punkten der Geschichte des Landes (Apartheid, Indianerkriege u. Ä.)

- Begrüßung: Der Händedruck ist in vielen Ländern ganz ungebräuchlich. In Indien und Südostasien verbeugt man sich. In Bolivien begrüßen sich nur Fremde mit Handschlag. Ein fester Händedruck wird als Aggression gewertet in China, Japan oder Äthiopien. In islamischen Ländern reicht man sich die Hand – aber nur die rechte, die linke Hand gilt als unrein.
- Südeuropäer sprechen gern über Kinder und mögen es, wenn man die Kleinen offen bewundert oder ihnen auch einmal übers Haar streicht. In Afrika oder Asien dagegen kann schon diese kleine Geste Abwehr und Schrecken hervorrufen: Im Senegal glaubt man, dass ein Mensch, der sich nach den Kindern erkundigt, Unglück über das Haus bringt. Auch in Ägypten und Äthiopien sollte man vorsichtig mit persönlichen Fragen sein. Sie gelten als extrem indiskret. In buddhistisch geprägten Ländern sowie in Indien ist es absolut verpönt, Kindern über den Kopf zu streicheln.
- Übrigens: »Schauen Sie doch mal vorbei« ist keine ernst zu nehmende private Einladung!

Verhalten im Hotel

Das Hotel ist im Ausland für einige Zeit Ihr Zuhause. Doch sollten Sie sich dort nicht wie daheim benehmen, sondern wie ein Gast, der durch gutes Benehmen auffällt.

- Auch wenn Sie eine lange Reise hatten und müde sind: In ein Zimmer, aus dem Ihre Vorgänger erst am selben Tag ausgezogen sind, können Sie in aller Regel nicht vor 14.00 Uhr einziehen.
- Menschen machen aus unterschiedlichen Gründen Urlaub. Während die einen Trubel und Abenteuer suchen, haben die anderen Ruhe nötig. Deshalb ist es nötig, aufeinander Rücksicht zu nehmen und tolerant zu sein.
- Fügen Sie sich dem Dresscode Ihres Hotels – zeigen Sie sich vor allem nicht schlechter angezogen als andere Gäste zum Essen und in der Halle.
- Halten Sie Ihre Kinder an, die Regeln des Zusammenlebens in einem Hotel zu respektieren: In der Halle nicht laufen, kein Türenknallen, den Fernseher nicht überlaut stellen, nicht am Lift

spielen usw. – Regeln, die übrigens auch für Erwachsene gelten ...

- Wenn Sie eine nette Bekanntschaft gemacht haben, ist das kein Grund, im Zimmer zusammen laute Partys zu feiern.
- In den meisten Hotels wird es nicht gerne gesehen, wenn Gäste selbst mitgebrachte Lebensmittel verzehren.
- Wenn Sie sich über irgendetwas so ärgern, dass Sie sich beschweren wollen, sollten diese Klagen so vorgebracht werden, dass sie anderen Hotelgästen nicht zu Ohren kommen.
- Am späten Abend auf dem Flur und in den Zimmern leise sein, sonst nerven Sie die anderen Gäste.
- Verhalten Sie sich gegenüber dem gesamten Personal höflich und rücksichtsvoll.
- Sie sparen viel Geld, wenn Sie Hotelzimmer frühzeitig stornieren.
- Falls Sie merken, dass Sie später als 18.00 Uhr ankommen werden, geben Sie so früh wie möglich im Hotel Bescheid, um Probleme zu verhindern.

Bildnachweis Alle Illustrationen: Beate Brömse, München; Alle Fotos: MEV Verlag GmbH und Projekt Photos Digital Bildagentur GmbH & Co. KG mit Ausnahme von: Helga Florian: 79; Getty Images: 42 (de Lossy), 45 (Ayres), 89 (de Lossy), 105 (Swintek); Dominik Parzinger: 115; Photodisc: 2; StockFood: 75 (Maximilian Stock), 82 (Blake)

Haftungsausschluss Die Inhalte dieses Buches sind sorgfältig recherchiert und erarbeitet worden. Dennoch kann weder die Autorin noch der Verlag für die Angaben in diesem Buch eine Haftung übernehmen.

Impressum Es ist nicht gestattet, Abbildungen und Texte dieses Buches zu digitalisieren, auf digitale Medien zu speichern oder einzeln oder zusammen mit anderen Bildvorlagen/Texten zu manipulieren, es sei denn mit schriftlicher Genehmigung des Verlages.

Weltbild Buchverlag
–Originalausgaben–
© 2007 Verlagsgruppe Weltbild GmbH,
Steinerne Furt, 86167 Augsburg
2. Auflage 2007
Alle Rechte vorbehalten

Projektleitung: Gerald Fiebig
Text: Herbert Schwinghammer
Redaktion: Verena Zemme
Umschlaggestaltung: X-Design, München
Umschlagfoto: Photodisc
Layout: KL-Grafik, München
Satz: Lydia Koch, Augsburg
Reproduktion: Point of Media GmbH, Augsburg
Druck und Bindung: Neografia, a. s. printing house, Martin

Gedruckt auf chlorfrei gebleichtem Papier

Printed in the EU

ISBN 978-3-89897-672-5